本书得到国家自然科学基金面上项目（72172120）支持

组织理论

姚小涛 著

Organization Theory

北京大学出版社
PEKING UNIVERSITY PRESS

图书在版编目（CIP）数据

组织理论 / 姚小涛著. —北京：北京大学出版社，2024.4
ISBN 978-7-301-34934-2

Ⅰ. 组… Ⅱ. ①姚… Ⅲ. ①管理学 Ⅳ. ①C93-0

中国国家版本馆 CIP 数据核字（2024）第 062713 号

书　　　名	组织理论	
	ZUZHI LILUN	
著作责任者	姚小涛　著	
责任编辑	徐　冰　邢纺娟	
标准书号	ISBN 978-7-301-34934-2	
出版发行	北京大学出版社	
地　　　址	北京市海淀区成府路 205 号　100871	
网　　　址	http：//www.pup.cn	
微信公众号	北京大学经管书苑（pupembook）	
电子邮箱	编辑部 em@pup.cn　总编室 zpup@pup.cn	
电　　　话	邮购部 010-62752015　发行部 010-62750672　编辑部 010-62752926	
印刷者	北京宏伟双华印刷有限公司	
经销者	新华书店	
	720 毫米×1020 毫米　16 开本　14.75 印张　204 千字	
	2024 年 4 月第 1 版　2024 年 4 月第 1 次印刷	
定　　　价	58.00 元	

未经许可，不得以任何方式复制或抄袭本书之部分或全部内容。
版权所有，侵权必究
举报电话：010-62752024　电子邮箱：fd@pup.cn
图书如有印装质量问题，请与出版部联系，电话：010-62756370

前　言

在培养工商管理专业领域博士研究生的过程中，笔者深感学生们在理论整理、辨析、洞察、构建与发展等方面的能力需要进一步提升，亟待进行相关的系统性、规范性理论训练，因此笔者结合所在学科知识特点及自己的专业所长，于2013年春季开始，每年在西安交通大学管理学院面向博士研究生（包括硕博连读、硕博贯通研究生等）开设并主讲"组织理论"课程，至今已十年有余。这应是国内较早开设的该类学术型课程之一了。

在知识传授过程中，笔者遇到的最大困难便是缺少配套性或关联性著作（教材），遍览中英文资料也没有寻找到适宜的成系统的辅助学习的书籍，于是课堂上只能围绕一篇篇专题论文与一本本著述进行介绍与互动，以达到传授知识的目的。尽管面向博士研究生的学术型课程内容可不完全受限于条条框框式的固定范围，但如果有一本关于组织理论发展的脉络梳理与述评的书，对博士研究生的学习和能力提高或许更有帮助。

笔者作为一名管理领域的学者，对理论思考尤其感兴趣，也注意时时提升自己的理论基础与相关思维能力。根据个人理解，虽然技术方法是管理研究中不可或缺的，但它相对来说较易学习或模仿，某些通用性的技术方法可以较快地得到掌握与应用，但真正高质量的管理研究最终还是仰赖研究者的理论悟性、思维深度以及对方法论的良好把握，而这些却很难通过简单的模仿与学习训练出来，只能通过点点滴滴的磨炼逐步积累而成。就笔者自身而言，理论研究不仅需要熟知熟用经典理论，而且还要发扬光大，在理解中添加自己的个人感悟，在探究中洞察背后可能被忽略的新潜能，更为重要的是，还需与时俱进、及时关注理论最新的发展动向并与已有理论进行连接，这些均是对自身的挑战与考验，可以说，理论学习、现象反思、问题探析、心得整理便构成了笔者的日常工作内容，也寄望于通过这些工作不断增强自己的感悟力和洞察力。

上述两个方面促成了本书的写作，本书可以看作笔者在组织研究领域长期思考、探索与总结的产物。

本书的写作坚持一个基调，那就是避免高冷晦涩地对理论进行机械式的描述。我始终认为，好的管理理论一定是身边人听完马上就能懂的，对理论的剖析应当是在简约的同时还能生动勾勒出其精髓的，这样才是对理论最好的诠释与致敬。因此，本书力争用通俗的语言将深奥而抽象的理论描述得具体而形象，这实在是一件颇费心思的工作，不仅需要基于总体驾驭能力的化繁为简，更需要聚焦理论精妙时的恰到好处。好在笔者长期专注组织理论领域的研究，加之平时注重专业素养的自我训练，上述要求于笔者而言并未构成一个很大的挑战，反而感觉十分舒适，没有专业知识的生硬度与生疏感。

"组织理论"可以看作站在组织层面上对组织的行为及其模式进行分析研究的理论集合，众所周知，管理学领域有"理论丛林"之称，用此来描述组织管理领域也一点不为过。本书虽然按照学界惯常方式将内容涉及领域统称为"组织理论"，但并不意味着它是一个拥有严密逻辑的、清晰完整的体系，事实上，它更像由诸多理论及观点组成的集合体。从这一点来说，尽管本书取名"组织理论"，但绝不代表存在着某个万能、单一、包罗万象的组织理论，而应理解为研究组织层面问题的理论总合。由于不同的理论之间或交织，或关联，或冲突，或承继，或替代，如何梳理清楚彼此间的脉络便是一大挑战。所幸，在整个领域中存有一些基础性的主流理论（观点），加之所有理论均可以被统领于组织层面这一分析范畴，这些线索使得笔者可以跳出"理论丛林"，厘清其中的发展脉络，构建起一个较为系统的框架，将主要的理论（观点）整合起来，从而让读者可以概览透视组织运作的各种角度。

本书既有对传统经典理论的梳理，也有对新兴理论或概念的讨论，同时还包括了组织理论本身属性的解析及对相关领域发展的回顾与展望，是以一种既精练又全面的风格对组织理论主要领域进行的探究与思考，在剖析与点评中让读者易于理解和接受，从而使得本书具有较好的可读性，可为管理及相关领域学者提供理论研习帮助，也可作为相关专业课程配套使用，还可以为相关实务界人士从深层逻辑上理解组织运行及其管理提供重要启示。

北京大学出版社徐冰老师为本书的出版工作倾注了大量心血，她不仅为本书提供了宝贵的出版机会，更对书中语言文字的提升与完善给予了细致、耐心的帮助，也对相关内容的修改提出了非常中肯的建议。没有她的辛苦付出，就没有这本书的出版。

本书部分片段曾在微信公众号《管理微评论》上发布并引发学术交流。在本书内容早期形成阶段，李帛洋做了许多文字整理工作，刘瑞禹也辅助对相关资料进行了整理，在此，对他们的工作表示感谢。

目 录

第1章 组织理论的基本认知 1
 一、组织理论领域与特征 2
 二、理论思考与训练的重要性 5
 三、经典组织研究文献中关于什么是（好）理论的探讨 11
 四、理论研究中的陷阱：结合"那是有趣的"谈起 18
 五、理论的评价标准 31
 六、组织管理研究的学科渊源与相关问题探讨 39

第2章 卡耐基学派及其思想与观点的延展 43
 一、卡耐基学派的主要思想与观点 44
 二、卡耐基学派与组织研究领域的其他基础性理论 47
 三、组织学习的基本认知及探索式与应用式学习 51
 四、组织学习理论的进一步拓展 54
 五、组织的吸收能力 55
 六、探索式与应用式学习之间的平衡关系 58

第 3 章 组织研究的社会网络与社会资本理论视角 61
一、组织网络研究的源起：弱联结与嵌入性 62
二、组织网络的构型特征与网络结构洞 68
三、社会资源理论 78
四、社会资本与组织网络研究的经典文献 81
五、组织间的信任研究 87
六、交易费用理论及其与组织网络研究之间的争论 89

第 4 章 组织与环境互动性分析视角 95
一、组织的环境特征及相关现象思考 96
二、新制度理论的基本要义 98
三、资源依赖理论的基本要义 102
四、组织生态学的基本要义 105
五、组织合法性 108
六、组织模仿机制与跨场域学习模仿 112

第 5 章 组织理论的新兴概念 117
一、组织场域与制度逻辑 118
二、混合型组织与社会企业 123
三、制度创业（者） 139
四、组织身份及其关联概念 147
五、组织发展中历史性因素与组织悖论 160
六、生态系统 172

第 6 章 组织理论现状与发展 179
一、组织理论的现状：理论为何难以与时俱进？ 180

二、"关系"现象与中国组织研究概览　185

三、中国特色组织管理研究道路探索　189

四、数字化情境下对组织研究的重新审视　192

五、中国组织研究新探：基于现象的研究　196

参考文献　201

第 1 章
组织理论的基本认知

一、组织理论领域与特征

组织理论（Organization Theory，OT）是关于组织宏观层面的研究，分析的主体是组织。组织这个概念的范围比较广，不仅仅包括企业，还包括大学、政府机构等我们生活中所接触到的各种单位，它们都算作组织。既然组织理论的分析主体是组织，那么，就不侧重于关注组织里的个体甚至其中的部门或团队。但这也不是绝对的，组织高层管理人员（例如董事长、总经理等）、个别关键人员以及高管团队，有时候也属于组织理论特别关注的对象，只不过组织理论强调的是其与组织发展之间的关系，分析的落脚点仍然是整个组织。可以说，组织理论并不排斥强调某些或某个关键人员（如创始人等）或团队（如高管团队）等组织微观或中观因素的作用，但其重心并不在于这个因素本身，由于组织理论的分析角度是站在组织宏观角度看待整个组织的行为及发展问题，因此，分析这些是为了从它们入手来理解组织整体性结果。

虽说组织微观层面的研究是分析一个组织的重要领域，但单纯的组织微观层面分析并不是组织理论关注的重点。从这个意义上看，作为组织宏观层面分析的两大主要领域，组织理论与战略管理具有某种相通性。一般情况下，组织本身的行为与发展、组织间关系（如战略联盟）、组织群体或社群、组织的外部环境等，都属于组织理论研究的议题范围，而纯粹的组织微观研究通常被称作组织行为（Organization Behavior，OB）研究、人力资源管理（Human Resources Management，HRM）研究等。如果将上述"组织行为"看作"组织内的行为"，宏观层面的组织理论则大致可被视作关于"组织的行为（模式）"的理论，那么，从这个角度来理解的话，两者均可以被笼统地称为广义的"组织行为"理论。从现状来看，狭义的"组织行为"或"组织内的行为"研究更强调的是数据和实证方法及分析技术，所研究的问题通常较为细致，而组织理论由于历史传统以及发展时限等原因，更强调的是理论的深度与创新性，研究分析技术与测量工具方面的线条相对较粗（Sutton and Staw，1995）。

尽管我们都知道管理学被大家公认为存在着"理论丛林"现象，但是目前组织理论还是可以梳理出一些经典研究问题与领域的，例如组织研究的卡耐基学派、社会网络与社会资本理论、交易费用理论、组织学习理论、吸收能力理论、制度理论、资源依赖理论、组织生态学、组织身份理论、制度逻辑理论，等等。结合上述理论，围绕组织宏观层面的现象展开分析，便构成了组织理论学术研讨的理论起点。

由于组织理论的研究更强调理论性与思想性，尤其在新的组织现象纷纷涌现、中国组织实践问题日益受到重视的当下，关于组织的理论性构建显得特别重要。可以说，组织理论领域知识的学习与研究能力的提升核心之点在于"理论"二字，强调理论背后的领悟力与洞悉力，开展这方面的研究强调理论的新意、吸引力与冲击力，而不仅仅是技术性方法上的新意与提升。

事实上，对于组织理论领域的初学者及年轻学者而言，往往欠缺的正是理论上的领悟力、洞悉力与整合力。在这个领域想要把研究做好，如果在理论上过不了关，缺乏理论构建能力，几乎是不可能的，是无法形成真正高质量、产生较大影响力的研究成果的。而这种能力不像技术性方法学习与创新能力那样相对容易建立与培养。客观来看，当研究能力提升到一定程度之后，研究者之间的差别最大的可能还是体现在理论构建力、领悟力、洞察力等方面。

许多刚入门的学生可以基于一些数据分析出数据之间的关联性并相应构建起统计模型，诸如此类的实证研究是比较容易做到的，但是，如果先不提供数据，或者干脆没有数据，而只提供一些概念、构念、指标或变量，要求从其中选择性地构建出一个有着理论意义且逻辑性强的理论模型来，却有着较高的难度。之所以如此，一个重要原因便是理论的分析、整合、构建功力欠缺，根据研究现状提炼理论模型的能力也较弱。

上述现象可以从某些风格的研究题目中反映出来。例如，许多研究往往叫做"X 和 Y 之间关系的研究"，这类题目背后的研究就只机械地展示了变量之间的实证关系而疏于呈现相互之间的理论蕴含，从题目上看不出来这个研究属于哪个领域的研究、理论基础是什么、拟解决什么理论问题。或者，再复杂一点，许多研究往往叫做"X 和 Y 之间关系的研究：以 $M1$ 为中介""X 和 Y 之间关系的研究：以 $M2$ 为调节"等，它们更像是根据数据统计关系来总结的研究，而非从理论贡献及理论蕴含角度来构建的研究，其研究的理论意义不鲜明，理论贡献落脚不明确。题目如此，内容与实质贡献可想而知。

研究不是找数据或变量之间关系的简单工作。好的研究应该是借助理论自然而然地构建或推演出某种关系机制，其背后呈现着一套逻辑严密的理论框架。好的研究一定要从理论上告诉别人某些概念能够连接在一起，而且也要告诉别人为什么这样做恰到好处，不能多一点，也不宜少一点。这种能力直接来源于理论功力而不是简单的数据分析能力，对于组织理论的研究者而言，没有比这种能力更重要的了，对于本领域知识的学习与训练特别需要注重这一点。从理论出发，聚焦理论，探讨理论，提炼理论性观点，形成理论思想甚或构建新理论，这是组织理论领域知识学习的特点以及学术研究的风格与特色。

二、理论思考与训练的重要性

在组织与管理研究领域,对于未来走学术道路、进行理论研究的学生来说,他们最欠缺的能力或许不是统计学、数学等的应用(此处绝不是说它们不重要)。事实上,我们许多学生在这方面的能力超强,甚至国际上刚刚出来一种新技术方法(例如 Python 等),学生们马上就能学会、掌握了,用不了多久,相关技术模型、分析技术与工具等甚至会涌动到本科生层面上,成为本科生分析应用的"家常菜"。所以,我们的学生(如博士生)这方面的能力是不欠缺的。当然,这里并不是说大家不需要学习并掌握这些先进、新颖的技术、方法与工具。

相对应地来看,学生们非常欠缺的是理论分析能力与理论洞察力,或者说,关于理论思考与分析的训练是相对紧缺的,在博士生与研究人员的训练中比较薄弱。

为什么说理论思考与分析非常重要呢?实际上,在自然科学(包括数学等学科)领域里,验证、重复出来某个理论(猜想或假设),往往都是重大突破,这样的工作也是很有意义的。但是在人文社科领域,像管理学(尤其是工商管理)领域,仅仅验证或重复别人的东西,价值并不像自然科学那么大。社会科学更强调理论的创新。大家把方法用来用去,也不是自己发明的,无非把应用环境(或场景)换成了另外一个,无非一项新技术的应用分析而已,在大多数时候很难被归为一个极其重大的贡献。对于管理学研究意义的评判,通常在于做出了什么重大的理论突破,即更强调理论方面的贡献。管理学等社会科学和自然科学最大的区别就在于对重复性研究的认知上,虽然说在管理学领域重复研究不能说不重要,甚至近些年来有呼吁要加强对其的关注,但相对来说没有在自然科学中那么重要。因此,在这样的情况下,我们要在知识领域作出成就,就需要强化对理论思考的训练，这样做不仅使得理论的严谨性、系统性、逻辑性经得起考问，受得住重复性检验，更可以提升自己的理论创新能力。但是，如何才能做到呢？

首先是建立勤于理论思考的习惯。

许多人对理论的认知有误区，以为理论很简单，构建一个理论应该不难，只要掌握了某些研究方法、分析技术、研究工具，就很容易去做理论研究了。事实上，这种思路就等同于人们通常所说的手里有榔头到处找钉子敲的情况。严格意义上，这样的研究还是应被视为应用性研究。但是，如果有理论的洞见和理论功力的话，那么，你的眼里首先搜索的是哪里存在有价值、重要的理论研究话题。一旦厘清、确定研究话题，就根据话题特征来选择合适的工具进行研究，这项研究无疑会取得重要的理论突破。因此，在开展组织研究工作时，不要试图将任何问题都从技术角度来考虑，而应该去多做理论性思考，哪里存在理论问题、是不是（好的）理论问题、理论价值在哪儿、理论突破点与难点在哪儿、值不值得下功夫研究等。就是说，对某个问题在开展具体研究之前，要进行预设性理论思考，进行通盘考量，要有充分的判断。

例如，曾经遇到过一项关于共享单车的研究，主要聚焦于共享单车的最优投放策略，拟用数理化模型方法来给出答案。这个问题看似很有价值，但却属于先有技术、方法与工具，然后机械地套用现象进行研究的情况。因为其给出了非常繁杂的"科学"的数理假设、公式与模型，告诉我们数理上如何解决共享单车的"最优"投放问题，但这只是存在于"纸上""头脑中""技术方法上"的"最优"投放策略。共享单车基本上可以被视为中国特有的商业模式或现象，虽然国外有类似现象，但基本呈零散发展状态且技术手段（例如移动支付、单车解锁、获取的便利性等）均落后于中国。因此，研究共享单车现象，事实上就等同于研究"中国的"共享单车现象。但是，中国的共享单车是怎么发展、如何投放的呢？刚开始时，为了抢占市场，运营商无原则地大面积投放，只要是空地，都想尽办法投放，在带来便利性的同时，也引起了社会负面评价。于是，监管部门开始限制其随意投放，在不同区域划出特别地块，作为其投放之处。在此情况下，共享单车的投放并无太多自由度与可选之处，应对之策只能是尽量占满其允许投放之地而已。事实上，如果再想了解详细一点，可以随便问一下路边归拢与投放单车的师傅们，就更清楚了，其投放策略或许非常简单，甚至并无太多可选择性。在此情况下，"最优的"投放策略预设研究似乎更像是自己画出来的"大饼"、自己给自己"设计"出来的问题，看似运用了满篇复杂"科学"的数理符号与公式，实则并无任何理论贡献。

其次是摒弃仅靠数据挖掘进行研究的思维。

上述举例的"X和Y之间的关系研究""X、Y、Z之间关系的研究"等题目，从其题意来看难以反映太多理论性含义，更像是一种统计关系的简单描述。为什么会是这样的题目？一方面是对理论题材的掌握与理解不够，另一方面像是基于数据统计分析结果而生成的研究，若是前者，需要不断提升自己的理论素养，若属后者则要摒弃，因为仅从数据结果来倒推关系的合理性，是不符合理论研究基本要求的，更重要的是，这种研究存在着较大的风险性。例如，统计关系事实上就是一种相关性的关系。如果没有公鸡生病等特殊情况，公鸡打鸣、太阳升起肯定密切相关，此时在统计分析里面肯定会是三颗星以上的显著性，如此便会得出一个结论：因为公鸡打鸣，所以太阳就会升起。这显然会闹出笑话的！表面上看是公鸡打鸣后太阳才升起，但实际上太阳升起肯定不是因为公鸡打鸣造成的，而是背后一些其他原因造成了这两个现象表面上看起来是相关的。可见，如果没有理论洞察力，只是一堆数据在那运行，然后根据运行结果去设想关系，那就会出问题的。

现在有些研究热衷于在数据里和变量间寻找相关关系，线性关系不显著时，就试试二次方关系，不行再试一下调节变量、再加一个中介变量，如此等等。或许最终会出现统计显著性，然后这种分析就变成了所谓的"X、Y、Z 之间关系的研究"，但显然这种关系是缺乏理论深度与理论必然性、重要性与必要性的。

真正的高质量研究，应该是凭借研究者的理论洞察力，结合已有数据，精准地提炼变量并分析出相互之间的关系，或者根据理论需要设计研究方案、搜集相应的数据进行分析。假如把数据抽去，还能够根据理论的推演界定出存在关联的变量并依此构建出关系框架，那么这个研究就是一种理论相对成熟的研究。而理论苍白的研究往往是基于数据相关性而生成的。如果缺少了数据，就无法预判变量之间关系，这种研究方式是我们应该摈弃的。

最后，文献阅读需扎实而广泛。

开展学术研讨时，所有工作都需要建立在通读文献基础之上。当然，这并非意味着不需要关注身边的现象、不需要根据实践现象提炼理论问题。关注身边现象是管理研究中非常重要的内容，但任何一种现象，最后经过解读并提炼成理论与思想时，是必须与已有文献对接、融合到文献中去的，而不是说脱离文献、仅就现象来讨论现象，因此，组织研究中想要建构一个好理论，扎实而广泛的文献阅读基础是必要条件之一。

如果一个人对某些领域没有太多文献积累，就声称自己的研究是别人没有做过的，这意味着学术上的无知。例如，一个刚入门的研究生发现重要研究空白的可能性很小，因为组织理论领域一代代的研究者披沙沥金，才有了现在的局面，一下子就能够发现一个重要的空白基本上是不现实的。这种发现"空白"的情况通常是什么呢？可以做个比喻：现在家家户户基本都能买得起车了，自驾出行是常事，但又造成车多、停车位少的问题。车主们经常要开着车到处转来转去寻找空车位，忽然看见远处有个空车位，很兴奋，赶忙往那边开，快到时打开车窗才发现原来里面藏着一辆"小"

车。远处看是空位，走到近处才发现不是。有时候还有更糟糕的情况，即远处看是空车位，开车靠近后发现确实也是空位，但地面上却有一个大坑，根本无法停车（难怪无人停在这里）。所以说，在有的情况下看似是"空白"，实则并非"空白"，之所以到现在还存在这么"明显的""空白"，要么是自己调研不周全，要么是毫无理论价值的"空白"，是一种不重要、没有意义、不值得投入精力去做的"空白"，或者干脆就是存在某种陷阱的"空白"。

因此，许多理论研究都需要在初始阶段大致评估出领域中的研究空白，而这项工作是建立在通读文献基础之上的。尽管我们强调好的管理研究问题源起于现象，但却必须对照于文献从而决定其意义与价值，不拥有扎实的文献基础与宽阔的视野，就不知道别人做过什么、没有做过什么以及相关研究问题是如何解决的、解决的程度如何等。

有一种研究方式叫做扎根理论研究（grounded theory）(Glaser and Strauss, 1967)，看似不依赖文献（已有理论）而重在强调从现象中逐步浮现出新的理论，但其实也离不了对文献的通读与掌握。扎根理论研究就是进入某个现实场景中去，尽量做到脑子一片空白，不要受任何理论的影响，然后进入沉浸体验，慢慢地浮现出来一些东西。实际上，这并不意味着研究者不需要熟知文献，试想研究者如果对文献不熟悉，最终在形成理论时才发现这方面的工作前人早已解决了，或者已解决了大部分，那么前期所有的扎根工作不都白费了吗？事实上，在扎根进去展开研究之前，就应该熟知文献，拥有高度的理论敏感性和洞悉力，必须了解某个现实现象或问题有无理论意义、是否值得去花大力气研究。扎根理论不是说不要文献，恰恰相反，必须要对文献非常熟悉，否则会在最终形成理论时落入陷阱之中。联系到组织理论领域的质性研究时，需要特别指出的是，尽管包括扎根理论在内的所有质性研究的主要目标在于构建新理论（观点），但它们绝不是先不要熟读文献，不需要熟知已有理论，相反，要求研究者必须对尽量多的领域都要有了解，能够做到跨领域最好，对诸多领域里的大多数研究（文献）都有所了解，这样才能保证"心中有数"，清楚哪些是文献中已探讨过的问题、哪些是较少甚至基本没有探究过的问题。

不过，虽然强调熟知文献，但也需要知晓不能唯文献，可用中国古代"注六经"来打个比方。低水平的认识与文献阅读就是"我注六经"，即把文献都通读过，文献中说了什么都记得、都很熟悉，书本知识学得很好，但是书本知识学得很好并不见得会创新与创造，并不见得创意能力比较强，所以要上升到"六经注我"的境界。这里所说的"六经注我"意指对文献很熟悉，但是不唯文献。例如，现实生活中存在着某种现象：如果对文献不熟悉，就难以了解其理论关联性，只有对文献熟悉后才能做到到现有文献中去看看其是否有理论关联性、是否在现有理论视野下有着特定内涵。不过，初学者阅读文献往往停留在这一步就满足了，但这还不足够，没有上升到一个较高的境界。事实上，在遍读文献之后，我们可以先把文献放一边，看看关切中的实践现象到底是怎么样，然后和文献进行不断的深刻"对话"，让文献为我们构建理论、提炼新发现提供服务。这就叫"六经注我"，是一种高境界的理论研究方式。要进入这个境界，前提是文献阅读，熟知与掌握现有理论的脉络、渊源、风格、观点是什么，前沿问题在哪里，哪些问题已经解决，哪些问题没解决，研究障碍在哪里，主要的争论点是什么，等等。这些都要做到烂熟于胸，然后，逐渐训练并培养自己的理论敏感度、洞察力与整合力，进而发挥我们的理论想象力与创新力，最终做到独辟蹊径地提出我们自己的新观点与新理论。

当我们研究中国情境中的管理现象时，完全借助西方英文文献来建构研究基础是不够的，这些文献探讨的许多场景、情境、问题可能离我们比较远，略显陌生，存在隔膜，但我们却完全可以在熟读这些文献之后，运用规范扎实的研究方法，走进中国管理实践，以"六经注我"的思维，做出属于我们自己的原创性理论成果来。

所以，文献是装在每个研究者心里的，但千万不能让文献束缚住自己。以"六经注我"的方式，让自己进入理论创新的自由王国之中，否则就永远摆脱不了前人的影子，只能跟随而不能超越。须知，组织理论领域中，创新性低的工作就是去填补表层上看到的文献空白，即"我注六经"，而真正有着较大理论价值的工作都是"六经注我"导向下的创造性研究。

三、经典组织研究文献中关于什么是（好）理论的探讨

既然组织理论更关注的是"理论"，那么，下面就结合经典文献中的理解来介绍什么是（好的）（组织）理论。

1. Sutton and Staw（1995）关于"理论不是什么"的观点

Robert I. Sutton 和 Barry M. Staw 两位学者 1995 年在国际管理学顶级期刊上发表了一篇短文《理论不是什么？》（What theory is not?）。这两位学者当时是 *Administrative Science Quarterly*（ASQ）的编辑，收到大量投往 ASQ 的稿件，但是许多稿件难以达到 ASQ 这本特别强调理论性（理论创新）的学术期刊的要求或标准。为了告诉投稿者什么不是理论从而让投稿论文更加符合 ASQ 的定位与风格，两人就写了这篇经典短文，给予投稿者们以指导。该文强调，分别来看，文献、数据、变量或构念、图、假定或预测都不是理论，即文献再丰富与完整，数据再合理与精妙，变量再具体与精致，图表再翔实与可视化，假设再细致与操作化，这些都不是理论的核心要点所在，都不是理论本身。既然上述都不算作理论，那么，到底什么是理论？

Sutton 和 Staw 给出了自己的理解。他们认为"理论事实上就是讲述一个故事，在这个故事中，告诉别人行为、事件、结构、观点为什么会发生，是对现象之间关联性的一种描述"。在此基础上，这两位作者进一步指出，解释力强的理论一定是深入到事件的底层逻辑中去提炼其内在发生机制，从而"系统展示为什么有些事情发生而有些事情不会发生"。可见，（好的）

理论往往是沉淀到事件的底层逻辑去理解而不是浮在面上来探究，（好的）理论重在探求现象内在过程与机制，揭示现象背后隐含的系统性发生机理。Sutton 和 Staw 同时认为，（好的）理论会"触类旁通地借助相关概念，而非仅仅是完全自我构建概念"。（好的）理论虽然在分析上力求深入事件或现象的底层，去探求、聚焦于某种微观层面的机制，但事实上却意在解释更大与更高层面的社会现象。（好的）理论是"一组令人信服的、逻辑严密地相互关联在一起的论点"，即（好的）理论一定是解释力强大的特定逻辑系统。当我们在面对某个特定事件或现象时，如果不借助该理论，就难以直接领悟出事件或现象的逻辑含义，或者说，（好的）理论相当于一副"显微镜"，能够协助人们看清内在的机理。

Sutton 和 Staw 的上述观点理解起来就是，理论一定是要从深刻的底层逻辑上将事件或现象的内在机理搞清楚，如果探究不清楚，那就不能成为一个（好的）理论。理论的主要目标是要让人们了解到该理论后就能清楚地理解其所分析的现象与问题，简单地说就是理论使人们更清楚。例如，如果一个研究者说他阅读了大量的哲学方面的书，在开展哲学思考，但其所谈问题总也说不清楚，反而让人越听越糊涂（接不接"地气"暂且不论），那就说明其并没有抓住该哲学问题的本质。描述的问题都表达不清楚，说明已经"迷失"了自己，其所谈的别说是一个好的理论，可能连理论都算不上。因此，当研究者在和别人交流时，从理论角度或以理论方式谈及自己对某件事情的认识与理解，应该是清晰而简练的，应让对方越听越明白而不是越听越糊涂，或者身陷其中而理不出头绪来，须知"大道至简"。

2. Bacharach（1989）关于组织理论的评判标准

再来看另一篇经典的对于什么是（好的）组织理论的论文，即 Samuel B. Bacharach 于 1989 年发表在 *Academy of Management Review*（AMR）上的论文《组织理论：评价标准》。在该文中，作者认为理论是"特定条件下构念之间以及变量之间关系的描述"。这个定义非常简洁但却极为精辟。从这个表述中可以看出，作者强调理论并非一个普适性的东西，往往得增加个限定条件才好理解其特定内涵，因此，Bacharach给出了好的组织理论的一个基本特征：存在边界条件和应用范围。这就像是说，美国股市和中国股市的规律可能有相似之处但也有许多不同之处一样，不能简单地将美国股市研究结果直接不加分析地应用于中国股市情境之中，两个股市的理论机理都是特定情境下的理论产物，从而具有明显的理论边界条件。根据这个认知，我们完全可以说，一种环境下得出来的一些理论结论，放在另一个环境中往往是不成立的，理解任何一个理论都需吃透它的背景因素。

Bacharach指出，"理论的主要目标是回答如何（how）、何时（when）与为何（why）的问题，理论不同于描述，后者的目标是回答什么（what）"。为了具体体现上述对于理论的定义以及为了较好呈现这一点，他认为理论可以通过构念（construct）、变量（variable）来展示，并强调构念与变量之间的联系与区别，指出：构念是人为或主观构建、提炼、归纳出来的，构念之间构成了一组理论性命题。变量是操作层面上的说法，是构念操作意义上的对应物，是可测量出来、可直接观测到的指标，可以体现为某种测量指标、量表等，变量之间构成的是一组实证操作上的假设。命题是理论性构建，如果需要检验，则需落实到假设层面。从这一点上可以认为，好的组织理论不仅要包括有体系性的理论构念及其命题，还要可以通过所对应的变量及其假设的实证研究来检验这些理论命题。举个例子，组织的"合法性"便是一个理论性的构念，研究人员可以在概念上对它进行理论探讨与辨析，但它并不是一个可以通过直接观测得到的东西，要进行具体研究或实证分析时，必须在操作层面上把它测量出来，或者找到什么实际指标来反映它。不同的研究问题、不同的理论视角，对于这个概念的测量方式会有所不同。例如，有的研究会看企业是不是国有企业，如果是国企，在某种情况下合法性就强一些，因此，在这种考量下，企业所有制形式就是一个"合法性"的测量指标；而有的研究会看运营环境中像该企业这种类型的企业的数量多还是少，如果很多的话，则该企业的合法性就比较高，否则合法性就比较低，在这种情况下，同类型企业的数量就可以作为"合法性"的测量指标。

综合来看，Bacharach 的观点很清晰地涵盖了理论的内核所在：理论的定义与特征、理论的表达形式与操作要求等。同时，任何理论都只是一种基础认知，有待于操作验证，即在组织研究领域，先有理论，后有实证研究，而不是反过来。该文的论述逻辑清晰、观点鲜明，有助于我们直达理论的核心所在，值得好好品读。

3. Whetten（1989）关于理论贡献构成的经典论述

组织研究领域著名学者 David A. Whetten 于 1989 年在 AMR 上发表的短论性文章《什么构成了一个理论贡献》，是探讨组织理论表达方式的极为经典的文献，广受认可。他的这篇文献对于什么是好的理论以及理论贡献做了非常精辟的论述，论述过程不仅全面而且深刻、具体，成为学者们竞相引用的经典之一。

Whetten 是在担任 AMR 主编时写作并发表这篇短论的。AMR 作为一本纯理论思辨型的顶级学术期刊，接收并发表的论文不是实证研究论文，因此基本见不到数学符号、数学公式和数据，纯粹属于理论思辨与逻辑推演性的作品。他在担任 AMR 主编期间发现投稿中比较突出的一个问题就是，许多作者可能都没搞懂什么是理论以及理论贡献，就将稿子投到 AMR，结果当然是被拒稿。所以 Whetten 写了这么一个短论，告诉大家什么构成了理论及理论贡献、什么不是，从而让作者更好地提升其作品的理论性与理论贡献，并评估与衡量自己的作品是否达到了 AMR 的标准。

Whetten 在该文中认为，想要形成理论贡献，研究成果或理论作品应从两个方面来评价：一个是理论构建的模块，即理论作品是否包括了完整的 6 块内容（5W1H）；另一个是不同侧面的共同评价，即从 7 个相关联的角度所作的评估。

6个模块即5W1H，指"什么"（What）、"如何"（How）、"为何"（Why）、"何人"（Who）、"何处"（Where）与"何时"（When）。"什么"是指所构建的理论不仅应突显核心概念、变量，而且这些概念与变量应清晰、具体、精练、完整，应涵盖全面，将该包括的都包括进来，未遗漏掉任何关键性因素。当然，这里的涵盖全面并非指穷尽所有，事实上也没有必要穷尽所有，而是指在将关键概念与变量都包含进来的基础上，把一些外围、冗余、边边角角、零零碎碎、无关宏旨的因素都删减掉，以保持理论的精练与简洁之美。"如何"是指概念或变量相互之间关系在理论中应是明确与清楚的，说得抽象一点，就是要将影响要素像拼图游戏一样按照理论逻辑加以连接、合理地拼在一起，因此"如何"考量的是呈现形式之美。但是，光这样拼摆在一起还不足够，受众会很困惑：怎么会是这样而不是那样呢？这就需要用"为何"来做答。"为何"是指阐述清楚现象或事件背后的原理，这就如同我们讲故事时需要讲述"为何"该故事是这样发生而不是那样发生一样。"何人""何处""何时"则是指理论应体现相应的情境，而不是笼统的、含糊不清的、不分对象的，理论必须明确故事中的主角是"何人"，故事在"何处"及在"何时"发生。"何人""何处""何时"解决的是理论在应用时的前提性问题。总体上来说，Whetten通过上述分类与辨析，指出"什么""如何"是理论的客观基础，完成的是描绘性作用；而"为何"则是在此基础上的诠释；至于理论的情境性（"何人""何处""何时"）则提供了理论的边界，告诉受众该理论的前提假设、适用条件与范围，从另一个角度来说就是其局限性，而这一点当然也就构成了未来理论突破与创新的潜在出发点。

在此要特别强调一下理论的边界问题，这是许多人在构建理论时往往忽略之处。有的研究人员在完成研究的过程中，基本不涉及理论的边界（局限性），或者认为自己的理论是没有边界的，事实上这是理论构建工作中最主要的问题之一，尤其值得注意。在不同情境下，不同对象的行为及其规律是不一样的，理论是有边界、前提与适用范围的。现在国内的一些组织管理研究工作往往忽略前提假设差异的可能性，就直接把西方文献中的某些发现拿过来，但可以想象，西方文献所关注的有些现象实际上在中国可能难以直接对应甚至根本不存在。同理，中国情境中的一些现象与问题可能在西方也不容易找到直接的对应。有些因素间的关系在西方可能是直线的，但到了中国情境下可能会是曲线的；有些因素间的关系在西方可能显著，但在中国可能就不是什么显著的关系了。因此，如果不告诉别人理论的边界与前提，就不是一个好的理论成果，也就难以成为一个清晰的理论贡献。

Whetten 在该文中同时认为，评价一个理论的质量高低或理论贡献是否成立，还需进一步从不同侧面（或维度）来判断，他为此设计了 7 个易记易懂的问题。

一是"新在何处"或"是否有新意"。（What's new?）新在何处、是否有新意（创新性）是评价一个理论（贡献）的首要指针。一个理论的内容应首先让读者看到后马上惊叹：这太有创新性了、太有新意了！如此才称得上一个好的理论贡献。相反，如果被认为是毫无新意的研究，则直接就失去了理论价值，会被认为不存在任何理论贡献，这一点尤其值得重视。如果研究者做出来一个理论，自以为很重要，但人家却告知这是已经解决了的问题，甚至告诉你别人已经做过且比你做得还好，这就非常麻烦了。这等同于否定了该研究人员的所有工作，因为你可能没有增加什么新的知识。所以，创新性与新意是非常关键的，缺少了这个，即使方法再完善、数据再精致、技术路线再清楚、逻辑框架再合理都没有用，所谓的理论贡献全都站不住脚，因此做研究一定要致力于说出一点属于自己的不同来。别人说个 a，你要说个 b，别人在 a 环境中应用一下，你在 b 环境应用一下，不管新到什么程度，至少还有点新意，但如果没有增加任何新的知识，研究就一点儿价值都没有了。当然，这样的新是否构成一项非常重大的理论创新则另当别论。所以，评估一个理论及其贡献，第一个维度就是"新在哪里"，在这个基础上，可以再继续问后面六个问题。

二是"那又如何"。（So what?）这个问题探究的是这个理论贡献的重要性如何，对现实操作的启示与应用价值如何，花那么大的功夫开展的研究、构造的理论、论述的贡献怎样。例如，有的研究是在已有理论框架中新增加了一个中介变量（或概念），虽然通过了统计验证，但却忽视了这个变量与自变量或与因变量之间具有高度的相关性，显然与自变量或与因变量是高度重叠的，那么，花那么大的功夫剖析并增加这个中介变量的价值是什么？"那又如何"事实上质疑的是那些理论上缺乏启示意义、实践中指导性也难以显现的研究，这些研究为了找个新东西而花费很大力气，实则意义不大，这些都有"为赋新词强说愁"之嫌。甚至还有极端的可能性存在，即只是自己凭空构造而无现实对应性，这显然是一项伪研究，做的是一种无用功，重要性与价值性全无。

三是"为何如此"。（Why so?）这个问题探寻的是理论的机理、逻辑与思路是否令人信服，或者说构念（概念）或变量之间的关系描绘得是否足够清晰、足够有说服力。当被质疑为什么是这样的时候，研究者就需要给出证明来，并一步步、扎扎实实地呈现确确实实是这样，以便让他人别无选择地接受这个理论或研究结果。

四是"研究工作是否完美地开展"。（Well done?）是指在构建理论过程中所采用的方式、方法、方法论与范式是否合理，研究过程是否规范、系统、完整与完美。例如，对照前面提及的理论应该有六个构建模块（5W1H）的标准，来认真仔细地评估自己的工作是否都已涵盖到了。

五是"研究工作呈现得是否足够精致"。（Done well?）是指研究设计的思路与出发点是否足够清晰与合理、技术路线执行得是否准确，研究工作呈现得是否细节翔实而不粗糙，写作技巧与组织水平是否足够"吸睛"。这个问题事实上就如同评价一件艺术品一样，即研究工作尽管在实质上很出色了，但做出来并不等于足够了，还要考虑做工如何，有没有达到精雕细琢、妙笔生花的地步。

六是"为何是现在"。（Why now?）是指理论是否具有及时性与必要性，是否解决了众所关注的、亟待解决的重要问题，是否契合了理论的最新进展趋势，是否能够助推形成或引领一类新兴的研究取向，研究发表是否恰在某个现实问题与相关理论领域的需求时点上、是否踩在了理论发展的节奏上。用一句通俗的话来说就是，研究者的研究工作是不是组织理论中当下的重要问题，是否面向了经济管理领域发展的主战场。

七是"谁会在意"。（Who cares?）这个问题考问的是理论面向的对象是否足够清晰，是否能够引起相关领域大多数学者的注意。如果研究工作推出来之后，讲给旁人听，却没人感兴趣，无法引起关注，大家普遍认为这个研究无多大意义，心里想"与我何干？"，那就麻烦了（当然排除那种短期内无法被人理解与接受的极个别"石破天惊"式研究的情况）。组织研究中，如果研究者讲的故事没有人愿意听，尤其近些年特别强调吸引实务界人士对研究成果的兴趣，那么就说明这个研究的切题性与关联性有待提高。因此，在组织研究过程中进行理论构建时，挑选研究主题也很重要，和现实中无任何关联性、在同行中认同性不强，可能就意味着主题需要进行调整与转换了。

以上是 Whetten 关于什么是高质量理论与高水平理论贡献的大致论述，既全面又高度概括，确为理论构建工作所必须熟知的经典文献，建议在研究中以此为标准多加衡量，提升研究的理论性或理论构建的合理性。

四、理论研究中的陷阱：结合"那是有趣的"谈起

关于组织理论的构建，可以重点参考两本书：一本是《管理学中的伟大思想：经典理论的开发历程》，这是翻译过来的一本书，英文原版名字是

"*Great Minds in Management：The Process of Theory Development*"。该书主编挑选了一些组织管理领域（组织理论/战略/组织行为）里提出过学界公认为重大理论的学者，让他们谈谈自己理论创作的背景与过程，以感受理论创作的一些核心要件。通过阅读该书，可以了解这些学者在创造与发展理论时的历程，提高自己的理论建构能力。另一本是徐淑英、任兵、吕力三位教授主编、北京大学出版社出版的《管理理论构建论文集》。该书精选了一系列发表于英文期刊上的经典的关于理论构建方面的论文，邀请中国高校的中青年学者"亲自""直接"翻译并进行点评。书中每篇论文都值得组织理论领域的学者细读、品味与感悟，不过，这里主要想介绍其中一篇由笔者翻译的论文，即 Murray S. Davis 的那篇经典之作——《那是有趣的！迈向社会学的现象学与现象学的社会学》（Davis，1971，2016）。之所以要围绕这篇论文及其相关话题进行详细讨论，有两点原因：一是这篇论文对管理研究影响深远，至今仍在指导管理学研究；二是这篇论文提供的主要思路目前开始成为争论的焦点话题。

Davis 的这篇论文是 1971 年发表在我们现在不太熟悉的一本学术期刊上，但却是目前组织研究的博士生以及学者们必读之作，它提供了构建理论的基本出发点和操作技法。Davis 在文中认为，一个理论好不好，是否会广为流传，是否能被他人所记住，不在于该理论是否正确，而在于其是不是"有趣（interesting）"的，无趣的东西没人愿意读，也无人愿意传播。那么，"有趣"的根本与核心是什么？Davis 认为，有趣就是对受众广为接受的已有假定的否定。Davis 继而在文中总结了 12 条如何实现有趣性的大致逻辑与具体操作技术，但其核心思路无非是：表面上/传统上看起来是某一种关系，实际上不是这种关系；或者可以反向表述为表面上/传统上看起来不是某种关系，实际上却是某种关系。这样的逻辑论述才叫做"有趣"的，例如，传统（或直觉）告诉我们 X 和 Y 之间是一种正向的关系，实际上它们之间是一种负向的关系（当然，至于为什么是这样，则是理论内容本身要解决的问题）。

在此，可以结合梅奥的霍桑实验来对"有趣的"进行说明。霍桑实验是管理学中极为经典的研究，属于一项开拓性研究，那么，霍桑实验出现的背景和原因是什么？具体情况是这样的：美国西方电气公司下的霍桑工厂试图通过给工人生产场所改变照明亮度来改善工作环境以提高生产效率，但是，在实施过程中发现无论是提高还是降低照明亮度，工人的生产效率都会提高。这让管理人员非常困惑，百思不得其解，根据他们掌握的知识无法解释这种现象，从而也就不知道该如何制定合适的管理政策。没有办法，他们就邀请梅奥来做解答，但梅奥一时也无从解释，于是他就在霍桑工厂做了一系列的实验研究，这些研究持续做了好几年。最后的实验结果揭示了工人生产效率提升和照明无关，工作效率之所以提高是因为在这个实验过程中，调整光线让工人感觉到他们被关注到了，感觉到了自己的存在性，从而调动起了工作积极性。或者说，之前泰勒科学管理原理认为人是"经济人"，把工人视作工作机器，干多少活儿拿多少计件工资，至于工人的其他需求则不关注。而调整照明（不论是调亮还是调暗）这一举措使得工人觉得自己受到重视了，内在情感需求被激发出来，从而积极性提高，所以效率提高跟照明没有关系。事实上，如果不是调整照明而是做其他类似的事情，也会让工作效率得到提升。霍桑实验表明，原来把工人视作"经济人"的假定是有问题的，需要对此假定进行重新认识：工人不应是机器，而是有情感的，要想让工人做得好，不能用老一套办法，必须跟他们交流、听取他们的意见，必须关心他们的内在需求，需要建立相应的企业文化等。这实际上就是行为科学尤其是组织行为理论出现的背景。可见，霍桑实验建立的新的理论体系就是构筑在对原有的、习以为常的假定的否定基础之上的，这种研究可以为开展组织理论研究提供极大的启示。

再简单举个例子。明茨伯格在研究经理人的角色时，已有的传统命题都先入为主地认为经理人的角色应该是什么样的，即"传说中的角色"，但明茨伯格不为此所限，而是深入现场，跟踪经理人的日常活动，使用了田野研究（field study）的方法，最后总结出了经典的"经理人的十大角色"，被广为传播与接受，全面否定了"传说中的角色"，确立了自己理论的牢固地位。这也是有趣性研究的典型代表之一。

"有趣的"意味着原来（或传统上）认为（或看起来）应该是什么关系，但实际上却不是这样的，这种否定性地建立理论研究出发点，其中暗含着一种"悖论"（paradox）的色彩，会让理论有一种"张力"（tension）。对于研究人员来说，如果自己的工作不否定先前的某些假定，那就没有办法建立起自己的理论。

因此，在坚持重要性前提下，你的研究要想得到认可，要想得到关注，首先要保证比较新，"新"的一个核心就是有趣，从这个意义上来讲，如何使自己的研究显得有趣，是理论构建的关键环节之一。但具体如何做到有趣性呢？Davis 原文很长，里面的术语与句子较难懂，笔者翻译的中文版本（收录于徐淑英、任兵和吕力，2016）或可为大家提供辅助，但为了简洁以及更加简单明了，此处直扑主题，即只聚焦于否定已有研究的技法。对此，Davis 总共给出了 12 个指标，其中 7 个是怎么体现单现象的有趣性。当然，还有人研究的不是单现象，而是研究多现象之间的关系，因此，他也给出了 5 个多现象的指标。

首先是单现象的指标，共有 7 个方面"否定"的主要思路。

第一个方面是从组织性的角度来看怎样使研究有趣。对于这一点，Davis 是指看起来无组织、无结构的现象，事实上是一个有组织、有结构的现象。这就如同说现实生活中某个班集体看起来是一盘散沙，但实际上是一个很有凝聚力的团队，人们之所以以为这个班集体没有结构与组织，其实是看走眼了、没看到实质，因为平时看起来感觉像是无组织的，但是一到关键时候这个班集体就非常团结，凝聚力很强。当然这方面的"否定"还可以反过来，即看起来有组织、有结构的现象，事实上是一个无组织、无结构的现象。这就如同说现实生活中某组织看起来凝聚力强，但这仅仅是未经受重大考验时的表现，一旦面临严峻挑战，其成员可能会各自散开，这个时候就会看出其是无组织、无结构的。

第二个方面是从构成性的角度来看。对于这一点，Davis 是指看起来是混杂的、异质性的现象，事实上是由单一元素构成的。看起来是"一团乱麻"，事实上是"一条线"，只不过这条线被胡乱地缠成一团，如果把它提起来，马上就是一条很直的线。比如，组织内看起来是异质性的成员，事实上都是同类的，只不过是他人眼拙，未看出来其中的"门道"，这是因为这些成员平时表现是骂来骂去、互相批评，但实际上他们是有共同经历的一类人。当然，这方面的"否定"同样可以反过来，即看起来是单一的现象，实际上是由混杂的、异质性的元素构成的。比如，组织内部成员表面上看起来一团和气，实际上却貌合神离，背后都在打着各自的小算盘，甚至互相"使绊子"。

第三个是从抽象性的角度来看。对于这一点，Davis 是指看起来是个体的现象，实际上是整体的现象。比如，某个人理论水平很高，看起来这只是其一个人的事，而事实上是因为他受了相关方面的培训才变成这样。那么，凡是受过这种培训的人理论水平都高，这不单单是个体的现象，而是整体的现象。同样这方面的"否定"反过来为，看起来是整体现象，实际上是个体现象。例如，整体来看大家的平均收入很高，但如果仔细分析，会发现大多数人的收入都比较低，只有少数人收入特别高，所以"收入高"是一个个体或部分性现象，而非整体如此。

第四个是从普适性的角度来看。对于这一点，Davis 是指看起来是地方性的现象，实际上是普适性的现象，例如，我们会说中国人过春节，其实这种现象在包括华人圈在内的许多地方都存在，范围比我们浅层理解的更广泛些。反过来这方面的"否定"可以表述为，看起来是普适性的现象，实际是地方性的现象。例如，除夕晚上许多家庭都会看央视春节联欢晚会，但是由于语言、习俗等原因，晚会节目在不同区域的收视率会明显不同，所以当把理论放在更细分的领域里时，原来的假定可能并不能涵盖所有情况。

第五个是从稳定性的角度来看。对于这一点，Davis 是指看起来是一个稳定与不变的现象，实际上是不稳定和变化的现象。例如，这个人看起来很安静，平时话很少、不太喜欢表现自己，但这可能是因为别人没把他惹急了，如果把他惹急了，他还是很有"个性"的。这就是看起来是稳定不变的现象，实际上是不稳定与变化的现象。当然这方面的"否定"反过来即看起来是不稳定和变化的现象，实际上是稳定和不变的现象。例如，博士生的课程以及 MBA 学生的课程一般需要在课堂上进行尽可能多的互动与研讨，而本科生课程相对来说需要教师更多进行单方面讲授。但是新冠疫情期间，出于防疫需要，博士生和 MBA 学生的课程一会儿在线下上课，一会儿在线上上课（不容易互动与研讨），因而呈现出不稳定、无规律的特点。事实上，这是因为观察的时间点正好是在疫情防控期间，如果将观察时间点改为正常时段，会发现这些课程都具有稳定的授课规律。

第六个是从功能性的角度来看。对于这一点，Davis 是指看起来对一种结果没有任何影响的现象，事实上是一种发挥了有效功能的现象。例如，有人发现喝药酒对身体似乎没有什么明显的好处，但别人却认为那是因为他才喝了两三次，只有长期喝才可能起效果。这种情况反过来可以表述成看起来对一种结果发挥了有效功能的现象，实际上是一种没有任何影响或效果的现象。比如，表面上看似是公鸡打鸣让太阳升起，其实并没有因果关系，只是这两件事正好在同一时间前后发生。

第七个是从评估性的角度来看。对于这一点，Davis 是指看起来是一个不好的现象，实际上是一个好的现象；或者反过来，看起来是个好的现象，实际上是一个不好的现象。就像两口子一样，你说拌个嘴、吵个架好不好？相互吵闹当然不好，对感情有伤害，但有人说两口子拌个嘴就像锅碗瓢盆相碰一样，是个相互沟通的过程，甚至可以理解为增进感情的过程。因此，看起来是一个不好的现象，事实上却也可能是好的现象。另一种情况可能是，有人说领导对他可好了，做错了事情领导也舍不得批评他，但这或许只是表面，事实上并非如此，比如有可能是其他原因使得领导对其产生了生疏感而懒得批评。这就是看起来是一个好的现象，实际上是不好的现象。

上面介绍的是如何否定单现象的问题，即单现象的有趣性指标。Davis认为除了单现象之外，还有多现象的有趣性指标。所谓多现象的有趣性，实际上就是对现象和现象之间关系的重新认识，把现象和现象之间的传统的假定否定，从而建立起一种新认知下的关系。关于多现象有趣性的否定思路，主要包括以下5个方面。

第一个方面是从相关性的角度来看，看起来不相关的或者独立的现象，实际上是相关的、相互影响的现象。举个例子，一对年轻男女出去约会不牵手，只在一起谈谈理想，交换各自对工作、对人生、对生活的看法，所以你觉得他们两个肯定不是恋爱关系。但实际上在20世纪60年代、70年代的时候，年轻男女们就是以这种方式谈恋爱的。你没有了解当时的时代背景，所以你对这个现象、这种行为的理解是有偏差的——他们确实是一对恋人。反过来，看起来是相关的、相互影响的现象，实际上是不相关的、独立的现象。比如，现在男女青年之间时不时开个玩笑，一起出去吃个饭，大家就觉得他们两个可能是谈恋爱了。了解情况的人觉得很正常，男女之间是可以开玩笑、约饭的，难道聊聊天、吃吃饭就算谈恋爱了吗？肯定不是的，所以他们之间实际上可能是不相关、独立的。

第二个方面是从共存性的角度来看，两个事件或者两个现象，看起来能够共存，实际上是无法共存的，或者看起来不能共存，实际上是能够共存的，我们有些时候把它们叫作悖论（paradox），就是相互冲突的、相互矛盾的一些现象，在有的情况下一起出现、共存。比如，表面上共存的两个人，在面临关键利益冲突的时候往往要闹矛盾，而长期以来总是闹矛盾的两个人，在有共同利益的时候也可以联合起来去做一件事情。人性就是这么复杂。

第三个方面从共变性的角度来看，两个现象之间看起来是正向共同变化的，但事实上是负向的；反过来，两个现象之间看起来是负向共同变化的，但事实上是正向的。比如，两个现象间的关系看上去是正向的，但经过细致观察却发现，这发生于多数情况下，但还有少数情况下是（程度）非常大的负向关系，因此，从数量角度来看，两个现象之间呈正向关系，但如果转换角度，从程度视角来评测，它们之间就有可能呈负向关系。

第四个方面从对立性的角度来看，看起来是相似的、能够并列的现象，实际上是对立的现象。比如，两个人分别都在开展管理研究，做的应该是类似的工作，但实际上他们的工作内容截然不同，因为一个使用的是量化方法，而另一个用的是质化方法。反过来，看起来对立的现象，实际上却是可以并列或本质上相通的。比如，一个人在表述时既说英文又说中文，看起来是矛盾的，但是实际上在做学术研究的时候，经常会中文夹杂英文，在这个社群里说英文，在那个社群里就得说中文。再比如，液态水和水蒸气实质上都是水，只不过是在不同的温度下发生了物理形态的变化，如果温度再降低，还会变成固体的冰。但它们本质上是一回事，没有区别。

第五个方面从因果性的角度来看，看起来在一个因果关系中独立的现象，实际上是相互影响的；看起来在因果关系中相互影响的现象，实际上是独立的现象。

以上五个方面是从现象之间的关系来否定既有的假定，从而建立起新的命题、新的理论、新的观点，从而使得研究有趣，加上前面的单现象方面的7个否定思路，总共有12个指标。

所以想使研究有趣，就可以从上述技术与逻辑方式入手，从这些方面、这些指标上"否定"。这些逻辑方式可以给相关研究很好的借鉴指导和启发意义。有趣的研究一定是否定既有假定的研究，不否定便没有办法做出有趣的研究，你的研究就没有传播的可能性，因为大家认为你的研究和前人研究是一回事。所以要善于否定，提出新的见解，Davis 讲的就是这么一个非常浅显的观点。

虽然有趣性很重要，但是，在否定已有通识性认知与假定之时，应避免为了有趣性而去追求过于离谱的创新性观点，Davis（1971）明确地指出了这一点。在此可举一些现实中的例子来做说明。

2021 年 8 月 13 日（七夕节的前一天），易中天在其微信公众号上发布了一篇文章《七夕不是情人节》。易中天这篇文章阅读量应该很大，一个原因是他的观点新颖，表述很有吸引力，让大家觉得耳目一新甚至觉得不可思议；另一个原因是他表达的意思简单直白而又通俗易懂。从 Davis（1971）给出的"有趣性"的评判标准来看，易中天这篇文章的题目一看就很有趣，为什么有趣呢？因为他否定了大家传统的认知。在我们传统的认知里面，七夕就是中国的情人节，而 2 月 14 日是西方的情人节，这是人们普遍认定的。但易中天说大家搞错了，七夕不是情人节，他根据传统的习俗以及文字资料、诗歌记载，认为七夕这一天是祈福、乞巧的一天，在这一天祈求心灵手巧，因而不是情人节。当然，七夕这天也跟牛郎织女相关，但在这个叙事情境下是把牛郎织女当作一对劳动模范来描述，因此这一天带有一点"劳动节"的味道。易中天说后来可能是因为商业需要而把七夕传成了情人节，实际上真正、传统的中国情人节应该是农历三月初三。他通过推翻传统认知，马上就让大家记住了他的观点，这就是有趣的研究，是一种否定传统认知与假定的好研究。当然要让自己的研究做到这样有趣确实不容易，易中天之所以能够指出七夕不是情人节，是基于对习俗、文献、文化等的大量考据与了解才得出来的，因此，文献和理论积累有限的人士是难以做出有趣的研究来的。要想推翻别人的假设与普遍的认知，一定要对理论渊源与文献中的线索有扎实的评估，这说起来容易，实际操作起来却很难，没有扎实的文献基础，缺少对现象的洞悉力与理论的灵感性，即使富含理论潜力的问题摆在面前，也会对其视而不见，任由宝贵的机会从手中溜走。

再举个"有趣的"研究的评判例子。前段时间看了一个新闻报道，说我国学者在顶级学术期刊发表了一篇论文，这篇论文认为雄性激素水平高的男性更自私、小气，这就属于颠覆传统认知的研究。大家一般认为，雄性激素水平高的一定是高大威猛之人，一定是男子气概比较强的人，像李逵或者武松那样的，应该也都是很慷慨、大度、豪爽的，很容易和他人打交道、讲义气的，怎么会是更自私、小气呢？所以这个研究就颠覆了传统，按理说应该是一个好的"有趣的"研究。至于为什么是这样的研究结果，这个文章中有解释，在此不做介绍。但是有人可能会说这个题目有点离谱，不是急于知道这个研究的具体情况，而是有种抵触感——"真的会是这样吗？""不太可能吧？"这种情况并不是 Davis 所想要的真正的"有趣性"，因为他在文中也告诉我们，如果想要否定一个众所周知的假定或命题，而这个否定有点离谱，那就会让受众听到之后感到错愕，会想这个研究者会不会是"脑子坏了"？因为这种否定远远超出受众的想象力了，反倒不容易接受其研究结论与观点了，从而不利于研究的传播。

另一个类似的例子是，当研究人员提出"喝酒有益于男性健康"，否定了"喝酒对男性身体不好"的传统观点时，这种研究或许还有那么一点意思和有趣性，但如果说"喝酒有益于女性健康"，这就好像有些奇怪，可能会遭到受众的质疑与抵触，这个研究就不见得是有趣的研究了。再例如，如果研究指出"男性多干家务活会变愚笨"，这也算是否定与推翻先前命题的研究，或也可以算是一种有趣的研究，但是，当社会大众听到这个研究命题时，应该都会目瞪口呆吧？所以，否定先前广为接受的假定与命题时也不能否定得太离谱，必须保证在合理的逻辑区间内使自己的研究显得有趣，这也是 Davis 对于根据他的思路开展有趣性研究时给予的忠告，值得大家特别留意。

尽管 Davis 的这套逻辑与技术手段对于研究的有趣性非常管用，被管理学领域中的研究运用得"如火如荼"，但近些年却为他招来了质疑与批评。时任 Academy of Management Journal（AMJ）主编的 Laszlo Tihanyi 教授鉴于管理研究现状与问题，于 2020 年发表了一篇两三页、类似于编者按的短文，题目是"从那是有趣的到那是重要的"（From that's interesting to that's important）。Tihanyi 认为，组织管理研究（论文）存在着"为了有趣而有趣"的问题，而不是将问题的重要性作为研究出发点，或者说，有些研究往往倾向于利用复杂的技术手段，构建起繁杂、奇怪的模型，包括了一些以前所没有的变量或关系，表面上看起来是有趣的，但实际上研究的却是一些没有太多价值的关系，或者干脆是没有多少重要意义的现象。这就像我们常说的"为赋新词强说愁"，是为了简单的新而求新，为了找和别人不一样的所谓"结论"而研究。这种用技术手段构建艰涩而又缺乏现实重要意义的模型、用"奇怪的"关系来体现所谓的"新"的做法，即使表面上符合 Davis 所说的某种"有趣的"特征，也是不足取的。为了扭转这种不良倾向，Tihanyi 呼吁从"有趣"走向"重要"。

怎么看待这个问题呢？我们得承认目前的研究中确实存在着这种只追求所谓的"有趣"但却不顾及"重要"的现象。任何研究如果不重要，确实就没有什么理论价值，而且，重要的问题一定是有趣的问题。当然，有趣的问题并不尽然是重要的问题。这就告诉我们，如果纯粹从文献堆里造出一个没有多少现实对应性的问题，其结果往往是有趣但不重要，我们应该摒弃这种研究风气。不能只管树文献靶子，批一顿之后再建立一个新论点，而不管这种研究的现实理论价值如何。重要性和有趣性之间的关系就如同战略与战术之间的关系，战略负责定位，决定"做正确的事情"，而战术负责操作，体现"正确地做事"，只有战略定位合理了、方向正确了、研究重要性与研究意义存在了，才谈得上去关注有趣性。本书作者在微信公众号《管理微评论》中曾发布过一篇专门就此话题写就的文章——《中国管理研究问题价值性：有趣性 vs. 重要性的辩证探讨》，现已收录于《管理田野笔谈》中，感兴趣的读者可以进一步详细阅读与参考（姚小涛，2023：113－126）。

做研究的人，一定要善于建立批判性思维，善于给既有理论"挑刺"，一定要在原有文献里面找出一些"问题"来，以否定的方式来建立起自己研究的必要性和重要性。可见，否定既有假定这一论点本身是没有错的，那么，哪里错了呢？

错就错在运用否定思维时"走火入魔"——在研究时为了否定而否定。有些管理研究人员只学习这种"否定式"研究技法，而忽略了研究本身的现实需求与观照。这种"否定式"的研究技法就像直接摆在武林人士面前的《葵花宝典》一样，可能会引来无数人依此"自宫"修炼。Davis 的这篇文章已经对管理学研究产生了深远却被人诟病的影响，即许多研究人员只需从数据、文献里生硬拼接一些新的关系、新的现象、新的类型，产生一些纯粹技巧性的或技术性的管理学研究结果。有学者甚至认为 Davis 这篇论文应该为目前管理学领域出现大量平庸的研究成果负责（Tsang，2022），当然，这有些归因到错误的方向了，因为 Davis 的这篇文章实际上告诉我们怎样做新颖的、不一样的研究，它也只是告诉我们有趣性很重要以及怎样做到有趣，同时它也告诉了我们一些非常具体的思路技巧和技术手段，但这篇文章并未要求研究人员不要去关注现实重要问题，不要考虑研究同现实场景的相关性。只是管理学领域有些学者把研究当成了一种"发表的游戏"，在这种思维导向下，使用 Davis 文章中的技术方法会让其能在"发表的游戏"中游刃有余而已。真正应该批驳的是研究导向与价值取向方面的问题，而非这篇文章中所说的有趣性本身的问题。

例如，霍桑实验之所以伟大，是它并未陷入文献批判与否定的窠臼展开研究，如果这样，反倒难以揭开事实真相。事实上，霍桑实验是一系列研究的总和，包括了现场观察、访谈、记录、调查、实验等多种方式，这些都实实在在地运用于研究过程中，其研究结果是坐在办公室里根本想象不出来的。但是，现在管理研究则多是产生于办公室的电脑里，发生在统计软件中，源于一堆文献里，隔绝于一线观察与交流互动，难怪有些研究结论跟现实没有多少关联性、不接地气。如果再加上研究人员理论悟性不够，那真就只剩下文献"否定"的技术方法还值得"炫耀"一番了，这种倾向会给真正的管理研究带来危害。

我们可以想象，如果大多数人都是仅仅从文献中找问题来确立自己研究的"有趣性"，则极有可能最终导致整个领域虽然贡献了众多的文献，但却离实践与"真问题"越来越远。举一个例子：在传统的认知里，大家都说"人们在合作中，谈钱伤感情，不谈钱又伤事业"，如果想在此基础上提出自己的新命题，建立自己研究的"有趣性"，则可以假定"事实上并非如此，这种观点要分情况，例如：创业初期谈感情，创业成功谈事业，此可被称为'阶段说'；与重钱的人谈钱，与重事业的人谈感情，此可被称为'合作者分类说'；与'自己人'谈感情，而与'外人'谈事业，此可被称为'圈子说'；与低学历的人谈感情，而与高学历的人谈事业，此可被称为'学历说'；与某些文化地域的人谈感情，而与另一些文化地域的人谈事业，此可被称为'地域说'，等等"。

但是，上述"有趣的"研究并未穷尽所有情况，后来者依然可以在此文献基础上进一步建立自己研究的"有趣性"。例如有学者发现，有一些情境，如困难时期与丰裕时期、正常状态与艰难状态等，被已往研究所忽视，在这些情境下，人们在合作中对待感情和事业的态度与方式也会各不相同；再后来，又有研究者认为原来的分类过于传统了，未囊括某些新情况，例如西方出现的"性小众"就不符合原来传统的性别分类，需要重新进行理论构建……

当新情境越来越难以被界定甚至"想象"出来、重大的理论性突破实在难以实现时，便有学者认为，以前的研究都不合理，因为传统的测量工具、手段、技术、方法都不是很准确，本来是曲线的关系被当成了直线关系，本来应该是非常繁杂的关系被非常简单地处理了，于是，各式各样的曲线关系论点便纷纷出来了，甚至以前方法与测量手段下无法操作的各类中介与调节关系大量出现了，还有一些更复杂的关系也占据了人们的视野……

上述研究发展下去的结果会是什么？"创新性"研究及其结论纷纷出来并得以发表，文献海量累积，"知识量"不断冲高，但一轮一轮这样延续下去，除了表面的"有趣性"与自娱自乐式的发表游戏，其价值性有多高仍然值得怀疑。

因此，"有趣性"值得我们重视，高质量的研究离不开"有趣性"，否则学者无法建立自己的理论（观点），但是切忌仅仅是研究技法上的"有趣性"而忽略了研究议题的"重要性"（Tihanyi，2020），这是我们应该警惕的。

五、理论的评价标准

对于组织理论这个领域而言，"理论"这个概念是关键词之一。那么，什么是理论呢？如何给理论下一个定义呢？要做一个理论研究，应该包括哪些方面、体现哪些特征？或者说，什么是一个好的理论？可以从哪些具体的指标来评价？前文对此进行了介绍与讨论，可以看出，不同的学者对此的界定是不同的，侧重点也是有差异的，为了更为系统、全面地给出评价标准，笔者结合自己的理解与认知，给出了下面这套由多样性指标构成的评价标准。这套评价标准总共包括15个指标，分别是创新性、抽象性、清晰性、精练性、系统性、可验性、情境性、局限性、排他性、层次性、承继性、逻辑性、竞争性、启发性、哲学性。值得注意的是，这些指标之间并非完全绝对的"正交"关系,即相互之间不排除一定的交叉性。

第一个是创新性。理论必须具备新意、创新性,这一点在 Whetten（1989）那篇经典文献中被列为关键要素。如果没有什么新意,理论就没有存在的必要性了,因为已有理论已经完全足够了,因此,如果想要提出理论,非常重要的一点便是其创新性。例如,大家都知道李白出生在碎叶城（今吉尔吉斯斯坦境内）,这是文学书籍和历史书籍中的通常观点。笔者最近看到一个新的提法是"'李白出生于中亚碎叶'之说,不可信"（马佳秦,2022）,意思是李白出生在现今的中国境内,之所以史上没有指出这一点,是因为我们把一些史料记载漏掉了,如果把这些史料填补起来,就会得出这个新结论来。这里暂且不争论新论点是否站得住脚,但是它的确具有较大的新意和明显的创新性,可构成一个新的理论观点,如果发展得扎实且成体系,或可成一家之言,从而有潜力形成一个好的理论。

第二个是抽象性。理论应该是一个高度抽象的对实际现象的认识与理解,理论并不等同于现象本身,它一定是下沉一定程度的对现象的抽象提炼,这一点 Sutton and Staw（1995）已经进行过强调,Bacharach（1989）也简要表达过类似的意思。所谓的抽象,并非"简单",而是意味着深刻。越好的理论越靠近现象的本质特征,所以,理论需要描述,但并不等同于描述本身,抽象意义上的描述才是理论所追求的目标。理论一定是将复杂的东西简约化,而不是将简单的东西复杂化。

第三个是清晰性。清晰性意味着精确性,不能存在歧义,否则让研习者彼此理解的不是一回事,无法交流沟通。郑板桥有句名言"难得糊涂",有时候被我们奉为圭臬,意思是不要过于清晰化,将事物绝对清晰化反而会让我们在日常生活中寸步难行、障碍重重。但这不能用于理论,理论一定是对某种现象的清晰的描绘,必须让大家懂得你背后的机理,例如什么是糊涂、什么时候该糊涂、什么时候不该糊涂,糊涂后的收益是什么、成本又是什么……这些如果能够具体清晰,那么就可以算作理论化了。例如,如果在交易中强调难得糊涂，就无法提出产权理论了，因为产权必须建立在清晰化基础之上的。在管理研究中，类型学（typology）是一个很简单的思维工具，常用且有效，如果能够将"难得糊涂"用类型学分析一下，那么，我们显然会对相关疑惑得到更为具体清晰的理解。好的理论一定是使模糊的现象说得具体清晰，而不是永远停留在让人难以猜透的境界。

第四个是精练性。有时候我们希望理论或观点能够用数学或公式来表达，这就是精练性的要求。例如，奠定经典力学基础的牛顿第一定律只有一句简单的话：在不受外力的作用下，任何物体总会保持匀速直线运动状态或静止状态，直到有外力迫使它改变这种状态为止。这个思想也可以用非常精练的数学公式来加以表达，看起来非常简洁。

因此，当别人介绍其研究时，从一名听者的角度看，对方不能只介绍研究有多复杂、先进，而应先用一两分钟简单概括地介绍其研究工作，如果能说清楚则好，如果说不清楚，显然就是研究没有做到位。

例如，Bacharach（1989）认为好的组织理论应该是在特定情境下，在对某种现象进行分析后得出的构念之间关系的一组阐述。这种关系要具备一定的精练性，使用构造统计模型的统计分析方法来打个比方，就是为了系统深刻地研究一个现象，我们会找到若干变量，用一些自变量来解释因变量，在统计分析时，一步步加入一个个自变量，统计模型相应的解释方差在逐步增加，即变量的边际解释作用在增加，模型的解释力度越来越明显，但是，当自变量增加到一定程度后，再增加一些自变量时，相应的解释方差增加的程度微乎其微，这个时候新增加的自变量就缺乏足够的解释效用，为了保持统计模型的精简性，就没有必要在模型中保留这些后来新增加的自变量，以使统计模型所表达的理论具有精练性。从这个角度来说，要使模型模拟得越好，需要搜集尽可能多的变量，而这个工作量与难度在实践中可能比较大，有时候也没有必要，那么，我们的目标是什么呢？我们只需找到比较核心、关键的影响因素，这个模型就能够很好解释对应的现象了，不必费力把所有因素都包含在模型中，因为许多其他因素可以视作外围性、影响较弱的变量，增加进来对模型的解释方差的贡献不大。

第五个是系统性。我们可以联想一下盲人摸象的故事。几位盲人都想知道大象是什么样的，于是只能靠用手摸。第一位盲人说象是一根橡皮软管，因为他摸到了象的鼻子；第二位认为象是一条粗绳子，因为他摸到了象的尾巴；第三位盲人说象是一个大柱子，因为他摸到了又粗又壮的大腿；第四位说你们都不对，象是一把扇子，因为他摸到了象的耳朵了；如此等等。这些盲人对象的认知与理解完全不同，为什么？因为他们摸到什么就说是什么，缺乏系统性。因此，你要建构理论，一定要有一个体系性的东西，把这个事情构建成一个体系，把它整个现象要说清楚。

第六个是可检验性。可检验性与 Bacharach（1989）所说的"可证伪性"（falsifiability）有些相通，意思是指任何理论如果不能被实证检验，就不能被称为理论了，因为它要么太含糊而无从去具体证明，要么大而笼统、缺乏操作的情境性。比如大陆漂移说，提出者忽然发现把不同的陆地板块像拼图游戏一样进行拼图，相互之间有契合的迹象，这一学说虽然到现在还没有完全被证明是正确的，但是它具有可检验性，只是目前未能完全找到检验的完整方法而已。当然，如果最终检验后发现这个理论不对，那也说明其具有可检验性。再例如关于恐龙如何灭绝的理论，有些人坚持"火山说"，说是因为长时间持续的火山喷发，火山灰把太阳光线遮住，造成气候与环境的改变，从而恐龙无法生存；有些人坚持"彗星说"，说是彗星撞击到了地球，从而致使恐龙灭绝；还有些人坚持"中毒说"，意思是说食物或水源中出现了有毒物质，致使恐龙缓慢地灭绝了。以上每个学说都有道理，估计谁都无法完全说服对方接受自己的观点，也不可能每个学说都是完全正确的，但它们都具有可检验性，只是因为目前的手段与方法还不能完全做到而已。

第七个是情境性。正如前面所说的，理论是将复杂的东西简约化从而使其具有抽象性，也因此使得理论需满足一定假定，即具有了情境性。Bacharach（1989：499）对于情境性就做过重点讨论，在其理论构件图中的椭圆形之内的区域就代表了理论的情境，超出这个情境，对应的理论就可能不适用了。不存在没有情境限制的理论，越是好的理论，其限制条件与形成背景越清晰，越不可能是放之四海而皆准的。（当然，有的理论由于其分析的视野层次等，本身会比其他理论跨情境性稍强一些，例如下面提及的宏大理论、中层理论等。）

许多研究者都忽略了 Bacharach（1989）关于理论与情境关系的讨论，在该文中，作者非常清楚地指出，理论通常是有关联背景的，是由若干理论要素即构念（construct）构成的。构念是人们为了用理论描述现象中的机制问题而构建起来的概念，它并不是客观存在的，而是主观创造的。理论需要描述清楚构念之间的关系，但是，这种关系并非普遍适用的，是有其特定背景条件的，绝对普适性的理论大致是不存在的，通常一个好的理论应该是基于特定背景的关系描述，是需要明确"在一定范围内或在一定条件下"等这样的定语或限制条件。关于这一点，也可以从 Whetten（1989）所概括的"何人"（who）、"何处"（where）、"何时"（when）这三个"W"来综合理解，具体可参阅前文对 Whetten（1989）的介绍，并进一步阅读其原文中的详细论述。

第八个是局限性。局限性与情境性是紧密关联的，事实上，正是因为情境性，才有了局限性。在理论发展过程中，已有的或先前的理论通常都是有局限的，如果理论没有局限性，就不存在理论的发展问题了，理论的发展都是新理论对旧理论的修正甚至否定。这是因为，任何一个理论都有自己的假设条件，比如说新古典经济学，它假设市场是充分竞争的，市场中的信息是充分流动的，双方交易是便利通达的，交易是瞬间完成的，从而交易活动是没有费用的……但后来为什么会出现一个交易费用经济学呢？这是因为现实并非新古典经济学所描述的这样，现实中的交易特征和上面的这些假设完全不同，交易中存在着大量交易费用，交易费用理论便是基于这种认知，从而否定了此前已有的经济学体系，推动了理论的发展与完善。可见，理论的局限性以及新理论否定旧理论的理论发展规律，正是理论发展的基本逻辑所在。前人的理论通常会有其清晰、严格的限定与前提条件，因此，后来者往往会在改变此前理论的前提假定情况下提出新的理论，这就推动了理论的演进。如果一个理论包罗万象、永恒不变，那么该理论就是静止不变的，也就不存在理论的发展与演进了。既然理论都是有其局限性的，或者说并非完美的，其完美性只是存在于一定情况下的，那么对于组织理论研究者而言，这就意味着有很大的空间根据管理实践现象找到一个特定的新情境，然后指出已有理论的局限性，从而构建出新的理论。

第九个是排他性。一个完整、严密的理论通常意味着自己拥有一套封闭的逻辑体系，因此往往是排他性的，由此就存在着各式各样的理论，相互之间具有不同的认识角度。如果理论之间可以完全相融的话，那就不存在不同的理论体系之说了。奥利弗·威廉姆森（Oliver Williamson）的交易费用理论一定是带有其自我特色而不同于其他学者的理论，杰伊·巴尼（Jay Barney）的资源基础观也是独具特色而不同于其他理论。排他性也意味着理论的发展与创新是一个新理论代替已有理论的持续演进过程。联系到Davis（1971）的要进行"否定"才能建立"有趣性"的论点，可以说，当一个理论无法解释某些新现象，或是关注了一些东西而忽视了一些东西，或者无法应用于某些特定情境时，理论创新的需求就出现了，替代性的新理论就会得以构建。

第十个是竞争性。理论的排他性意味着相互之间存在着竞争性。一个市场中的消费者的注意力都是有限的，而学术领域也存在着"理论市场"，也适用注意力有限原则，即某个理论占据了市场的大量"份额"就会使其他理论得到的关注相应减少。这是因为某个理论之所以成立，之所以受关注，之所以被接受，是因为其否定了其他相关理论的理论假定，阐释了别的理论无法较好阐释的现象，解决了其他理论不易解决的问题。因此，理论之间竞争的可能性远远大于融合的可能性，如果是后者的话，则意味着后来的理论都不具有存在的必要性，因为它都可以被原有的理论所涵盖。

在组织管理领域，有的时候两个理论之间可能会是截然不同甚至完全相反的观点。在管理学实证研究中，有时候研究者会提出一些竞争性假设去用数据进行检验，看看哪个理论（观点）更合适自己的研究情境。例如，有个理论预测出两个变量之间是负向关系，而另一个理论认为应该是正向关系，那么，到底谁正确呢？这个时候就需要将理论纳入研究情境中，用收集到的数据进行实证分析，从而对这一对具有竞争关系的理论进行检验，比较相互之间的特性差别与优劣势。

第十一个是层次性。理论是有层次性的，例如有宏大理论（grand theories）、中层理论（mid-range theories）以及众多解释力度相对较小的理论（吴肃然和陈欣琦，2015）。比较宏大的理论往往是一些相对基础性的理论，解释力度较强，限制条件较少，适用范围较大，较难以被推翻、替代或超越，相对容易跨过一些情境应用。比如组织理论里的"嵌入性"（Grannovetter，1985）概念，可能在西方和东方许多情境中都存在，尽管存在的形式可能会有点差别，但当使用视角细微的理论来看待某些细小、具体的问题时，就很难跨过情境了。例如我们研究和"嵌入性"密切相关的"关系""社会资本"时，就带有许多特定情境性的因素，限定条件非常多，去掉一个小的因素，就很有可能什么都解释不了了。

第十二个是承接性。如果一个新提出来的理论和既有的任何理论都没有渊源，相互之间没有关联性与借鉴性，那这个新理论可能就很难被称为理论了，因为任何理论都不可能是凭空出来的，往往是在借鉴诸多概念、假定基础上的重新构建或创新。也就是说，如果说不出来出身来路，都不能算作理论。就像《西游记》里的孙悟空，其并不姓孙，和"孙"家并没渊源，只是从一块石头里突然就蹦出来，出身背景都是谜，所以大家都不接受他，直到被如来佛祖压在五行山下500年后才发现出来行走还得认个师，这样才能扬名立万，一步步实现自己的愿望。理论也一样，即使是对已有理论的否定，也并不是说不需要传承。例如，威廉姆森提出交易费用理论时，就受到科斯、西蒙等人的理论与观点的启示。任何理论都可以找到它的源头，都是在原有理论基础上的继承与超越。在组织理论领域，各个理论之间绝非毫无关联性的孤岛，我们需要领悟与洞悉不同理论之间的逻辑脉络，从而为自己如何在前人理论基础上有效进行创新提供灵感。

第十三个是逻辑性。可以想象这样一个场景，如果有研究者介绍其研究论文，一个评判标准便是他是否做到了每句话都不多不少，上一句话和下一句话之间有清晰的衔接性，中间不存在思维与观点的跳跃，如果能够做到，那么就说明这篇研究论文具有很强的逻辑性。这就如同所编的程序不能存在漏洞（bug）一样，如果存在漏洞，肯定就受阻跑不动了。因此，写好的程序最好是先跑一遍，看看有没有漏洞存在。同理，一个理论如果其内在观点能够紧凑、清晰、流畅、简洁地陈述出来，才是一个好的理论，这就是理论的逻辑性。理论不具有逻辑性是其理论构建中的大忌，尤其应该避免。支离破碎、混乱不成体系的知识集合不能叫做理论，与逻辑性相比，理论正确与否倒在其次，因为任何理论都有其时代、技术、手段、认识论的局限性，随着理论的发展，有些理论需要修正甚至被否定，但如果理论缺乏逻辑性，则在当下就失去了成为理论的基础。

第十四个是启示性。对于管理研究而言，切忌脱离现实背景来谈理论，好的理论一般都会和现实相关联，对管理实践具有明显的启示性。如果理论中所构造的模型过于"精巧"而需要"挖空心思"地与现实进行关联，如果实践人士绞尽脑汁也难以在现实中找到操作的对应场景，那么，这种管理理论的启示性就不强，就缺乏价值性与存在意义。虽然管理研究离不了填补文献空白的必要性，但是，如果始终是文献来、文献去的，最终所做的研究估计也会是苍白无力的，而且，并不是所有的文献"空白"都值得研究，也不是所有的"空白"都是实践中的重要问题。

第十五个是哲学性。越是好的理论，越需要回答基础性的问题而非技术性的问题。就如同博士的英文缩写"Ph. D."一样，其本意是指哲学博士。要想把研究做好，增加自己的理论功底，就需要多多掌握哲学思维，多从底层与基础性的角度进行思考、分析及提炼，这样努力的结果往往才会令人眼前一亮。

六、组织管理研究的学科渊源与相关问题探讨

组织管理研究是有其学科渊源与背景的，主要是三个来源：经济学、心理学和社会学。组织管理研究在最初阶段很少有完全属于自己的基础性理论，基本都源起于这三大学科，在结合、借鉴、运用、整合这些学科中的理论知识基础上，一点点积累起属于自己的理论领域。例如，霍桑实验所奠基的组织行为理论和心理学有很强的渊源，波特的五力模型源自经济学（产业组织理论），组织网络理论则源起于社会学。下面通过介绍 Agarwal and Hoetker（2007）这篇论文，来说明一下组织管理的学科背景与知识演进规律。

这篇论文的题目翻译过来是"浮士德交易？管理学的增长及其与相关学科的关系"。什么是"浮士德交易"呢？浮士德（Faust）是欧洲中世纪传说中的人物，学识渊博，精通魔术，为了获得知识和权力，向魔鬼出卖自己的灵魂。后来歌德创作了著名诗剧《浮士德》。"浮士德交易"可以用来比喻人们为了追求一些东西，结果最终却为此丧失了自己的灵魂的可能性。论文作者在标题中借用这个词，来探讨在组织管理理论发展中会不会存在以丢失自己灵魂为代价的现象。即，组织管理研究中借助某些学科知识来发展、壮大自己，最后会不会迷失方向、失去自己的特色？这样做最

终会不会有问题？这个论文的出发点有着深刻的启示价值。

作者统计了 1980 年至 2005 年发表在 AMJ 上的论文，以及该期间引用 AMJ 论文或被 AMJ 论文所引用的所有 SSCI 经济学类期刊论文、心理学类期刊论文、社会学类期刊论文、管理学类期刊论文，研究这些论文本身的特征及其相互之间的引用规律。尽管作者在文中同时探讨了组织宏观研究与微观研究的演进规律，但鉴于本书所聚焦的组织理论是一种偏宏观层面的视角，所以在此不着重介绍其微观层面的发现了。

具体到组织宏观领域，截至该项研究时，经济学、心理学、社会学三大领域"平分天下"，共同构成了组织管理研究的学科来源。但是，进一步的研究却发现，心理学和经济学知识之间基本不能共存于一篇论文之中（或共同成为论文的理论基础），相对来说，心理学和社会学知识之间、经济学与社会学知识之间在组织宏观研究中也没有太多的关联性，相互之间也有一定的排斥性，但排斥性相对较弱一些，甚至不排除存在微弱关联性的可能。心理学背景的论文数量在明显下降，经济学背景的论文数量上升很快但后续增长乏力，社会学背景的论文数量总体平稳，但后期有明显上扬的态势，这或许体现了宏观研究中所倚重的不同学科背景的主流理论所在。例如，20 世纪 70—80 年代主要是行为科学的研究为主导，心理学风格明显。稍后的 80—90 年代经济学风格的产业组织理论、波特的竞争模型、威廉姆森的交易费用理论是主流被引理论，甚至可以说是独领风骚，但后续由于对某些现象的解释乏力而开始退出主流，社会学的网络理论、制度理论等的引用增长明显，发展态势持续至今。可见，组织管理研究的发展还是和三大相关学科的理论发展密不可分，一旦相关学科有强大解释力的理论出现，就很容易进入组织管理研究领域并成为显学。

值得注意的是，Agarwal and Hoetker（2007）发现在宏观组织研究层面上，心理学与管理学知识排斥性较强，经济学与管理学知识、社会学与管理学知识相对体现了少许的关联性，相互之间的排斥性不太明显，这是否预示着管理学宏观领域当下越来越少倚重心理学知识？关于这一点留待思考与进一步的观察。与此同时，两位学者还发现在组织宏观研究领域，基本上很难做到心理学与经济学、心理学与社会学、经济学与社会学有共存于同一项研究（同一篇论文）的可能性，这似乎说明一篇论文目前基本上要么是以经济学知识为基础的，要么是以社会学理论为基础的，要么是以心理学知识为主要支撑理论的，各学科之间的理论融合与整合构建较难开展、较少有人尝试，或者干脆较少被人接受。

Agarwal and Hoetker（2007）还发现，在以宏观 AMJ 论文为代表的组织管理研究中，基本上是前期有什么学科（如经济学或社会学或心理学）的理论进入某个议题的研究，后续关于这个议题会持续出现且会集中在引用同学科领域的类似理论基础上进一步发展，体现了类似理论的持续集聚与抱团排斥现象。这一研究发现显示，在宏观组织管理研究中存在着清晰的学科背景知识界限，不同理论背景之间缺乏深入的学术对话，往往是各说各话，各自抱团，不同理论之间呈现的是竞争关系，不同学科、不同理论的融合与扩散较难实现。换句话说，不同学科与理论似乎客观上呈现出一种"老死不相往来"的状态——"我是做经济学特征研究的，就始终在经济学范畴内持续地搞下去"，而这一点同样适用于心理学和社会学特征的组织管理研究，即只关心自己的关联学科，至于其他学科的发展、创新则似乎跟自己并没有太多关系。事实上，正如两位作者指出的，可能并没有"经济学的管理（实践）问题"（或者社会学、心理学的管理问题），而只有管理问题，之所以存在所谓的"经济学的管理（实践）问题"，是因为我们每个人自身的学科背景与渊源使得自己实质上在研究这种"经济学的管理（实践）问题"。这显然是一种支离破碎式的研究，也不符合完整解决管理问题的现实要求。

当然，学科与理论难扩散、相隔离，既是问题，但也提供了机会，即对理论进行融合、整合与扩散或者说"跨界"研究是有很大的创新空间的，这种打破壁垒式的研究会极大地促进组织理论的发展，尽管难度较大。

综合来看，组织管理研究及自身的理论发展在三大学科背景之上获得了充足的养分，取得了可喜的成绩，但是，这种学科渊源自身也有限制其进一步发展的可能性，难以逃脱先天的学科背景带来的区隔性的壁垒约束，这种现象值得组织理论研究者关注、反思与突破。

第 2 章
卡耐基学派及其思想与观点的延展

一、卡耐基学派的主要思想与观点

卡耐基学派（Carnegie School）是组织理论的重要内容，对组织研究发挥了不可或缺的作用，对诸多相关视角及其理论都有着显著的影响。谈论组织理论，必然要涉及卡耐基学派的研究工作。为什么叫卡耐基学派呢？卡耐基学派有三位代表人物以及三部经典著作，首先是理查德·M. 赛尔特（Richard M. Cyert）和詹姆斯·G. 马奇（James G. March）在1963年出版的《企业行为理论》（*A Behavioral Theory of the Firm*），其次是马奇和西蒙于1958年出版的《组织》（*Organizations*），最后是西蒙于1947年出版的《管理行为》（*Administrative Behavior*）。在三人中，西蒙是1978年诺贝尔经济学奖的获得者，也是管理的决策学派旗帜性人物；而马奇则是组织管理领域大师级的人物，为组织理论及其研究领域烙下了深刻的印记；赛尔特则是卡耐基学派1963年影响广泛的那本著作的作者而被人铭记。由于三人对组织理论进行的诸多开拓性研究、取得的创新性成果都是在卡耐基梅隆大学共事、合作时取得的，因此他们的研究工作及主要理论观点与思想被统称为"卡耐基学派"。卡耐基学派是以上述三本书为其代表性源头所构成的一套知识体系，但有学者（如 Gavetti, Levinthal and Ocasio, 2007）认为该学派的思想很难被称为"理论"，更像是一种具有开放性特征、吸纳性较强的知识与观点的集合或体系，该派思想观点对于组织理论贡献巨大，上述三本书被视作组织理论具有奠基性的作品，尤其是 1963 年出版的《企业行为理论》这本书。

之所以认为卡耐基学派不是一套理论，在前文讨论理论的特征时也论述了，理论通常都是排他性的，卡耐基学派的思想观点更像是提供了一个松散性的知识体系与观点集合，而不是一套排他性的理论，尽管 1963 年的那本书中的思想观点内聚性相对较强一些。事实上这一点也可以从卡耐基学派的主要观点被其他主流、基础性的理论所引用并吸纳就可以看出。Hanna and Freeman（1977）构建组织生态学，Meyer and Rowan（1977）及 DiMaggio and Powell（1983）奠定新制度理论基础，Nelson and Winter（1982）创建演化经济学，Cohen and Levinthal（1990）提出吸收能力等，这些开创性工作都受到卡耐基学派的重要启发（Gavetti, Levinthal and Ocasio, 2007），并为在它们中间占据重要位置的一些概念（如不确定性、开放性系统、惯例、松散耦合等）的涌现提供了灵感来源（Argote and Greve, 2007; Gavetti, Levinthal and Ocasio, 2007）。

具体来看，如果对管理学知识比较熟悉，都应该知道西蒙——管理的决策学派创立者。其广为流传被大家所接受的主要观点或者基础性假定包括：管理就是决策，应当追求满意解而非最优解，有限理性，等等。在此之外，卡耐基学派还包括其他一些研究出发点与分析特色（Dosi and Marengo, 2007; Gavetti, Levinthal and Ocasio, 2007），接下来就谈一谈。

以组织而不是个人为主要研究对象，分析的重点在于组织如何制定决策，并在此基础上理解组织的行为特征与模式，这个是卡耐基学派的主要出发点，这一研究特色与重心从其三本代表作的书名《企业的行为理论》《组织》《管理行为》上就可以充分体现出来：研究组织、理解组织、解释组织。

组织是一个开放性而非封闭性的系统，需要与环境进行互动与交流，因此组织运作的逻辑不在于如何去控制环境（事实上也无法控制），而只能主动去适应环境。这一认识看似平淡无奇，却奠定了后续组织研究的重要认知基础，后续几乎所有的主流、基础性组织理论都是在理解组织与环境互动的不同角度下得以构建的。

卡耐基学派强调从组织内部来透视组织的运作机制，这里的组织内部并非传统意义上的组织行为理论领域所侧重的"组织内的行为"，而是更多地关注组织内部的决策机制、运作流程、组织内的标准与规范、信息交流与协作机制等。卡耐基学派认为组织的知识、经验是存在并储存于惯例、流程之中的，这些知识推动或限制组织的行为与学习活动，可以说，组织学习及其相关理论的源头就是卡耐基学派。

在上述基本假定与出发点之上，卡耐基学派形成了自己独具特色的关于组织行为机制的理解（Gavetti, Levinthal and Ocasio, 2007; Argote and Greve, 2007; Dosi and Marengo, 2007; Augier and Prietula, 2007）：组织经常与周围其他组织以及外部环境发生互动，但是，组织的行动目标却是模糊的，即尽管组织存在目标但却不清晰。组织目标之所以是模糊的，是因为对环境不能完全了解，这其中包括了有限理性等主要的原因而无法完全知晓环境，不能预测未来，只能进行试错性的搜寻来提升自己的认知水平，组织的学习与创新事实上就存在于这种搜索过程之中。不过，这些还并不足以呈现出卡耐基学派深刻的组织行为认知逻辑，其还提出了一个重要的概念——抱负水平或期望水平（aspiration level），同时指出，每个组织都有其抱负水平，但是，当组织实际绩效高于其抱负水平时，组织是不进行搜索与学习的，组织的行为就带有懒散性，悠然自得而认为自身没有问题；而当绩效低于抱负水平时，组织便认为存在问题了，此时就会"触发"搜索机制。因此，卡耐基学派中的搜索与学习事实上是一种基于问题的搜索，并且也是一种试错性的搜索。

特别需要指出的是，卡耐基学派认为组织的搜索是一种就近式的局部搜索（local search）（Argote and Greve, 2007），因为组织是存在惯例的，组织只能向其周围的其他组织学习,或者说,组织想要解决问题,是不会到与目前知识体系没有太多关联、很远的地方去寻找答案的,一定是围绕自己的知识体系在附近搜寻,即向周围环境(竞争者、同行等其他组织)学习。不过,这种搜索并不是无止境的,一旦问题得以解决,绩效得到提升并达到所设定的抱负水平时,就会停止搜寻,如此往复。

从上可见,卡耐基学派确实有其对于组织行为机制与模式的独到理解,上述观点与逻辑体现了对组织现象的深刻洞悉与理论提炼。遗憾的是,卡耐基学派在20世纪70年代之后随着代表人物的工作变动等,再没有太多理论性突破,后续马奇等代表学者的研究工作表面上似乎延续、传承了卡耐基学派的主要思想,但实际上大多数相关工作更多关注的是组织整体行为、组织与外部环境关系等问题,而不再关注组织内部的决策、结构、流程了,这种变化或许可以被视作对卡耐基学派的一种偏离(Gavetti, Levinthal and Ocasio, 2007)。但另一方面,由于环境越来越复杂,组织作为一个开放性的系统必须强调与环境的互动性,因此从内部关注点转移至组织层面以及组织对外的情况,或者也可以看作某种视角上的创新吧。

二、卡耐基学派与组织研究领域的其他基础性理论

卡耐基学派的启示性深远,与组织研究领域的诸多基础性理论都有着较大的关联。

相较卡耐基学派1963年出版的经典著作《企业行为理论》,同时代著名学者伊迪丝·彭罗斯(Edith Penrose)稍早几年(1959年)出版了《企业成长理论》(*The Theory of the Growth of the Firm*)(Penrose, 1959)。彭罗斯的企业成长理论被视作基于内生视角的企业成长理论,也被看作资源基础观(resource-based view, RBV)的重要源头基础之一。事实上,在那个时代,这两本书早几年或晚几年出版并非像现在这么具有明显的时间

差别，它们基本上可以看作同时期的不同学者从不同角度、不约而同关注类似问题的努力。企业成长理论和企业行为理论便是具有这种特点的两个理论，它们之间具有较强的关联性，相互之间的思路也可以进行比较与印证。

两个理论之间有着一些共同之处，例如关注的都是企业的发展问题，都强调知识对于企业发展非常重要，以及需要重视企业的内部特征。两种理论只不过是在上述大的逻辑之下存在着某些具体的差异，或者说，各自看待问题的思路与侧重点不同。其不同主要体现在以下方面（Pitelis, 2007；Augier and Teece, 2009）：彭罗斯将企业视作一个知识积累体，企业的发展过程便是一个知识积累的过程；而赛尔特和马奇则将企业看作一个行动整体，企业的发展过程是其不断学习的结果。彭罗斯认为企业的知识来自其内部日积月累的过程；而赛尔特和马奇则认为企业学习是在有限理论假定之下的试错性搜索过程。更重要的是，彭罗斯强调企业的创新创造来自企业内部的超额资源，当企业内部拥有超额、冗余资源时，才会驱动组织的创新创造行为，而这种资源更多依赖于企业内部的知识积累情况。在这个意义上，彭罗斯的企业成长理论关注的是企业内部的资源，更强调企业的内生成长；而赛尔特和马奇强调的是搜索引致的学习与创新创造，或者说，创新并不是企业的初始主要目标，企业初始目标是解决问题，学习与创新只是解决问题的"副产品"。

Richard R. Nelson 和 Sidney G. Winter 于 1982 年创立了演化经济学，成了经济学领域的一个重要理论。演化经济学中有一个核心概念"惯例（routines）"，事实上，若追溯这个概念的理念渊源，很大程度上是源自卡耐基学派的（Dosi and Marengo, 2007；Augier and Teece, 2009；Argote and Greve, 2007）。在卡耐基学派的研究内容中，一个重要部分是组织内部的流程与制度等，在卡耐基学派看来，这些都是过去知识与经验的载体，记录着组织过去的学习情况，如此看来，惯例便存在于其中。当然，演化经济学除了建立在卡耐基学派之上并正式构建了惯例概念,还深受熊彼特的创新理论、达尔文进化论思想的极大启发(Dosi and Marengo,2007;Augier and Teece,2009),在此不作过多讨论。

动态能力理论也和卡耐基学派有着很强的关联性。Teece,Pisano and Shuen(1997)是这样定义动态能力的:"(动态能力是)企业针对快速变化环境而整合、构建、重构内部与外部技能(competences)的能力(ability)。"从这个定义可以看出,动态能力强调面对环境变化的应对之策,也就是说,动态能力更像是日益变动性环境下的理论。我们当下正处于一个日益变化的环境之中,有人称之为"乌卡(VUCA)",即易变的(volatile)、不确定的(uncertain)、复杂的(complex)、模糊的(ambiguous)四个英文单词的首字母组合。因此,动态能力理论和资源基础观不是一回事,后者强调的是资源的利用,前者强调能否适应环境——组织处于动态变化的环境,想要构建竞争优势就必须构建动态能力。那么,动态能力和卡耐基学派之间是什么关系呢?卡耐基学派是关于企业如何面对环境变化而有效学习的理论,"面对环境""有效学习"是卡耐基学派的关键词。那动态能力是什么呢?动态能力是感知、抓住机会并随机调整的能力。前面讨论了卡耐基学派和彭罗斯的企业成长理论,后者更强调内部异质性资源,这一思路直接触发了巴尼的资源基础观,认为企业竞争优势的建立来自其内部异质性的资源。这一观点有合理性,但也存在一个不足之处,即资源基础观只强调企业内部而忽略了外部环境,无法随环境变动而有机调整,这会给组织带来重大风险。例如,人工手动从事的相对重复性工作忽然有一天被人工智能技术替代,此时,环境的作用就突显出来,对此资源基础观却无法解释。而卡耐基学派的特点是向周围进行搜索与学习,其行为特征隐含了鲜明的环境动态性考量,如果能够将卡耐基学派根据环境特征的行为(如学习)模式思想与资源基础观中内部异质资源分析连接起来,就能够较好地阐述当前环境对组织的要求特征,这正是动态能力理论构建的出发点,即它将行为与资源连接在了一起，从而实现了理论性的突破（Pitelis，2007；Augier and Teece，2009）。

威廉姆森的交易费用理论也和卡耐基学派有着较多的关联（Augier and Prietula，2007；Augier and Teece，2009）。在威廉姆斯的代表作之一《资本主义的经济制度：企业、市场、关系契约》(*The Economic Institutions of Capitalism：Firms，Markets，Relational Contracting*) 一书中，正文前清楚地写着"送给我的老师（To my teachers）"，老师名单中包括了四位：阿罗、钱德勒、科斯和西蒙。第四位西蒙（1978年诺贝尔经济学奖获得者）便是卡耐基学派的重要创立者之一。威廉姆斯曾经在卡耐基梅隆大学求学过，所以他的理论也受到了卡耐基学派的重大影响，事实上，威廉姆森的交易费用理论中对于人性的假定有两条：一条是有限理论，另一条是机会主义，前一条则是西蒙的思想，也是西蒙的核心贡献。很显然，缺少了卡耐基学派，威廉姆森交易费用理论的构建基础会很受限。

卡耐基学派还与新制度理论之间存在某种关联（Argote and Greve，2007；Gavetti，Levinthal and Ocasio，2007），其思想与论点也对新制度理论的生成有着重要的启示。例如，问题搜索与新制度理论中 DiMaggio and Powell（1983）所说的"模仿性趋同"（memetic isomorphism）有着内在的理论承接性；所关注的不确定性问题也顺理成章地成为新制度理论的重要议题之一。例如在 DiMaggio and Powell（1983）看来，不确定性正是模仿性趋同的重要触发因素之一。

从以上卡耐基学派与其他理论的内在关联来看，其不仅影响深远，而且理论"触角"伸至多个不同的领域，显示出它绝不仅是某个狭窄议题的理论或思想，涉及"组织"的话题，都可以从中受到极大的启发。我们可以通过上述理论之间的关联与比较了解其强大的思想性力量。关于卡耐基学派的更多现状以及未来成长之路，可以详见 Gavetti, et al.（2012），在此不做介绍了，感兴趣者可自行阅读。

三、组织学习的基本认知及探索式与应用式学习

组织学习是组织理论中的一个重要议题。为了对组织学习领域有个大致的了解，下面先分享几个关于组织学习是什么、如何理解组织学习的经典文献。

1988 年芭芭拉·莱维特（Barbara Levitt）和马奇在 *Annual Review of Sociology* 上发表了一篇文章，题目就叫做"组织学习（Organizational learning）"，得到广泛引用。这篇文章事实上是一篇关于组织学习的评述性文章，文中关于组织学习的界定与分析带有浓厚的卡耐基学派的风味。他们认为组织学习是一种以目标为导向的过程，是建立在惯例与先前经验基础之上、带有历史依赖特征的一种机制。从这个概念界定的内涵来看，他们心目中的组织学习是和惯例紧密相关的，组织学习是不可能完全跳离组织自身惯例的，历史与经验决定了组织学习的特征。按照这一逻辑，两位作者进一步认为，组织本身也就可以看作一个存储了历史与经验的载体，该载体对过去的情况进行编码从而导致了惯例的产生，而惯例便成为组织行为的直接作用因素。该文还对组织学习的具体行为模式特征进行了描述，这种行为模式可以从三个方面来认识：第一种是组织如何从自身的直接经验知识中来学习的情况，这是组织学习的基础，或者说，在这里所谓的组织学习是向过去取经而非向未来学习。第二种是组织如何从他者的经验知识那里进行学习的情况，"他者"的范围很大，包含的内容较广，例如与其拥有网络、联盟关系的各类组织，以及具有其他比照关系的各类组织（如行业标杆企业、龙头企业等）。第三种是组织处理自身直接经验知识和他者经验知识时的解读、转译、编码机制与模式，即通过相应的机制与模式，将多方面汇集来的经验知识变成一套概念体系，储存于组织内部，与原有惯例进行某种整合或融合从而形成新的惯例。

接下来介绍组织学习研究中两个无法回避且非常重要的概念：探索性学习（简称探索，exploration）和应用性学习（简称应用，exploitation）。这两个概念或术语经常成对出现，如马奇在1991年 *Organization Science* 上发表的组织学习方面的经典文章——《组织学习中的探索与应用》（Exploration and exploitation in organizational learning）。这篇文献是组织学习的核心文献，所论及的探索与应用之间的关系也是组织研究诸多领域中的重要议题，因为两者之间的关系研究不仅经典，也是常谈常新。马奇在这篇文章中指出，探索与应用是组织作为一个适应性系统的核心问题，但是，组织如果只致力于探索，就容易陷入不断的试验与尝新之中，这种做法会挤出应用的可能性，导致投入成本大而收获的实际收益小。为什么会是这种情况呢？这是因为探索就意味着组织需要不停地试验、突破与创新，但往往会无功而返，不容易产生直接的收益，即使在此过程中产生了某些新的思想，也很少能形成实实在在的竞争能力。说得通俗一点，就是探索导向下的组织有可能空想、空谈太多。而组织如果只集中于应用，就容易生成浅层的收益而无法获得大的突破性发展，这种做法会挤出探索的可能性，这是因为组织在应用过程中很容易获得一些小的创新或突破，令组织很容易地满足于这种"成功"，开拓的努力往往浅尝辄止，从而使组织陷入一种"次优"状态。这种次优状态说得通俗一点就是一种马马虎虎、过得去的状态，就是组织会推出一些新举措和新产品，但其创新性并不是很有冲击性。马奇认为，组织如果想要发展得好，应在内部同时保有探索与应用，即要实现两者的平衡，而不是厚此薄彼，只强调其中任何一个都难以支撑组织的持续成功。或者说，既不能完全进行探索，也不能只进行应用，而应该是两者都要有，两者都要兼顾，马奇将此称为探索与应用的平衡。不过，虽然平衡很重要，但这种平衡的理想状态是很难达到的，因为探索与应用都需要人才、资金、设备、厂房、设施、精力等，两者竞争稀缺的组织资源，这就对组织提出了挑战。可见，马奇隐含性地认为探索与应用之间是相互竞争、替代的关系，但同时要将两者整合到一起，这就是经典的探索与应用的悖论。遗憾的是，如何平衡与整合两者之间的关系，马奇却没有告诉我们，关于它们之间关系机制的探索不仅是组织学习研究的核心工作，也是组织研究的经典议题。

另外需要说明的是，探索与应用的概念并没有非常严密的界定，马奇只是在文中对于什么是探索、什么是应用进行了内涵性的描述，例如探索就是指大胆尝试、开放思考、全新可能的拓展等，而应用就是某种条件下的选择与执行、在某个基础上的精雕细琢、在某种状态下的精致打磨等。前者更像是追求效果，后者更像是追求效率；前者更像是定位与创造，后者更像是实施与执行。尽管对于探索与应用并无排他性的精准定义，但是根据其内涵特征，一般可以大致判断出哪些行为属于前者，哪些更倾向于后者。

另外还有一篇经典文献值得在此简单介绍一下，即 Daniel A. Levinthal 和马奇于 1993 年在 *Strategic Management Journal*（SMJ）上发表的《学习的短视》（The myopia of learning）。这也是一篇评述性的文章，专题讨论组织学习中的短视（行为与现象），得到广泛引用。这篇文章认为，学习机制表面为组织带来了改善，但实际上存在若干风险，组织学习本身反而会限制组织的改善。例如，在学习过程中，组织经常会关注近期而忽视长远，倾向于就近搜索与学习而忽视从全局考虑，容易向成功学习而非向失败学习，等等。这些都是组织学习中的短视行为，这些短视行为的存在会令组织陷入发展的陷阱。这篇文章关注与探讨了两种陷阱：一种是失败的陷阱，即重在探索性学习的组织模式；另一种是成功的陷阱，即重在应用性学习的组织模式。至于称为"失败"或"成功"，是因为探索容易失败，始终只强调探索，会让组织陷入难以看到光明的境地；而应用容易成功，始终只强调应用，会让组织易于满足现状而无法实现对组织发展很重要的突破创新。这些思想可以通过 March（1991）对于两种学习机制特征的描述得以较好的理解。

四、组织学习理论的进一步拓展

Mary M. Crossan、Henry W. Lane 和 Roderick E. White 三位学者于 1999 年在 AMR 上发表了一篇文章——《一个组织学习框架：从直觉到制度》（An organizational learning framework: From intution to institution）。该文章被视作组织学习理论领域新的经典之作，对于组织学习理论进行了较好的拓展，还获得了 AMR 2009 年十年论文奖（decade award）。该文认为，组织学习可以被理解为组织获取战略更新（strategic renewal）的重要方式。或者说，组织学习是和组织的战略更新相伴发生的，当组织进行战略性调整的时候，就需要组织学习，而组织学习的目标也是为了完成组织的战略性调整，这是因为组织根据环境需求进行战略调整时，往往需要组织内部知识结构的改变，这种改变正是组织学习的结果。战略更新能否实现，本质上在于组织能否有效处理探索和应用之间的冲突与矛盾。

这篇文章提出了组织学习的"4I 模型"，"4I"是以下四个英文单词的首字母：感知（intuiting）、诠释（interpreting）、整合（integrating）和制度化（institutionalizing）。依照这四个行为构建了一个新的组织学习的框架。具体来看，这篇文章认为可以把组织看成三个层次——个人、团队、组织，学习的过程体现为从个体对外部环境知识的直觉捕捉到感知，再到整合，最后制度化，这被称为探索的过程，而反方向的转化过程则被称为应用的过程。学习源起于个人对外界的直觉判断、对环境特征的感知，并将相关信息与知识传入组织内；个人层面还有另一个任务是解读。组织内团队层次上也是做两件事情：解读和整合。而在组织层次上也要完成两件事情：整合和制度化。什么叫制度化呢？打个比方，某个人是组织里的技术人员，他脑子里面的技术方面的想法、经验和知识首先是属于他个人的，制度化就是把个人的知识转化、沉淀在组织里面。可见，这里的制度化通俗地说就是将知识固化在组织里面，不因个人的离去或是个人在组织中的工作变动而变化。应用的过程正好相反，体现了一种从组织层次的制度到个体层次行为的一种反方向过程。

接下来介绍一下野中郁次郎（Nonaka，1994）的工作。为了建立理论，他借鉴 Polanyi（1966）将知识分为隐性与显性知识，认为在组织里面，知识转化有四种情况：第一种是从隐性知识到隐性知识，被称为社会化（socialization）；第二种是从隐性知识到显性知识，被称为外在化（externalization）；第三种是从显性知识到隐性知识，被称为内在化（internalization）；第四种是从显性知识到显性知识，被称为组合（combination）。不同的知识转化过程需要不同的情境，例如社会化就包括通过非正式性的社会联结而实现的情况，外在化包括将个人的经验知识通过写书进行传授这种情况，内在化在野中郁次郎看来是组织学习的过程，而组合则是最简单的知识转化过程，因为只是显性知识之间的重组与整合，如大家在考试前看书复习，这就是从显性知识到显性知识的过程。虽然野中郁次郎的理论中包括了组织学习的内容与成分，但是更多地被人们归类为知识管理方面的理论，有的时候组织学习与知识管理很类似，但有的时候略有区别，这种区别在于组织学习理论更多强调的是随着环境的变化组织的行为是如何发生改变的，而知识管理更多强调的是组织如何获取知识本身，少有和外部环境进行必然的关联。

关于组织学习方面的经典文献还包括了 Fiol and Lyles（1985）、Huber（1991）、Kogut and Zander（1992）等，在这里不作详述，感兴趣者可自行阅读。

五、组织的吸收能力

Wesley M. Cohen 和 Daniel A. Levinthal 于 1990 年在 ASQ 上发表了一篇文

章,名为"吸收能力:一个学习与创新的新视角"。文中正式提出了一个新的理论构念——吸收能力。该文自发表后,受到广泛的关注与重视,是组织研究领域引用量最高的文献之一。从文章的题目可以看出,吸收能力是关于(组织)学习和(组织)创新问题的构念。两位作者是这样定义吸收能力的:"企业认知新的、外部信息价值、消化并应用这些信息于企业的商业终端的能力。"可见,在其定义中,吸收能力包括了三个前后连接的环节:认知(recognize)、消化(assimilate)和应用(apply)。此外,吸收能力是与企业的商业性产出相关,所以可以通过企业的绩效结果(尤其是创新绩效,例如专利等)来看吸收能力。但是,也需要指出的是,吸收能力的英文是"absorptive capacity"而不是"absorptive capability",意思是这种能力更像是一种容纳性的载荷能力,而不仅仅是可以做什么的能力。在对吸收能力进行描述时,Cohen and Levinthal(1990)认为它是企业先前的经验知识下的结果,后者的情况决定了前者的高低。

自 Cohen and Levinthal(1990)提出吸收能力理论视角之后,吸收能力便被相关领域大量引用并在研究中广泛借用,与吸收能力相关的研究增长迅猛,数量巨多。但是由于各自的理解以及研究角度不同,对于吸收能力的理解与解释及应用的侧重点都各不相同,造成了理论构念上的较大混乱。基于这种情况,许多学者开始致力于厘清这一概念本身的内涵,以使吸收能力的相关研究朝向一个良好的方向发展。

2002 年 Shaker A. Zahra 和 Gerard George 在 AMR 上发表了一篇关于吸收能力的理论性文章,名为"吸收能力:一个述评、再概念化与延伸"。文章将吸收能力视作可以生成动态能力的能力,代表着一种组织的惯例,是组织获取(acquire)、消化(assimilate)、转化(transform)与应用(exploit)知识的过程。这在里面,与 Cohen and Levinthal(1990)原始定义相比,动态能力以及四个环节是其显著新发展。该研究另一个重要贡献在于将吸收能力划分为潜在的和实现了的吸收能力,前者包括获取、消化,而后者则包括转化与应用。

2006 年，Peter J. Lane、Balaji R. Koka 和 Seemantini Pathak 在 AMR 上发表了一篇关于吸收能力的文章，题目为"具体化吸收能力：一个批判性述评与构念重新复活"，也是一个值得研习的文献。该文结合 Cohen and Levinthal（1990）给吸收能力的原始定义，给出了一个更详细的定义。三位作者认为，吸收能力是关于如何利用源自组织外部而非内部的知识的能力，只不过这种能力体现在以下三个环节上：认知与理解（recognizing and understanding）、消化（assimilating）、使用（using）；上述三个环节分别对应着三个前后衔接的学习机制：探索性学习、转化性学习、应用性学习。在上述环节与过程中，认知与理解是组织中的个体与外部环境互动的环节：与外界建立联系，灵敏地感知外界的变动情况。后两个环节主要是在组织内部展开的，将从外部搜集的信息以及习得的知识在内部转化与运用。

2007 年 Gergana Todorova 和 Boris Durisin 在 AMR 上也发表了一篇关于吸收能力的文章，题目是"吸收能力：再概念化的评估"。之所以促发这两位作者写作此文，一个重要原因在于，尽管诸多作者是因吸收能力概念的滥用而尝试厘清该概念内涵，但这样做的结果是又引起了相互之间新的混乱，因此有必要再次对这些概念进行整合，从而使得概念内涵达成一致。他们在文中的具体贡献在于，一是将识别（recognize）外界信息与知识重新引入；二是对转化（transform）过程进行了重新定义，尤其转化过程的区别分析应是该文最为重要的贡献。他们认为，吸收能力中的转化并非那么单一化，而是分成了两条路径，当从外界识别并获取进来的知识传递进组织内部时，如果该知识与组织当前的结构、流程、惯例、特质等相匹配时，这种知识将会被组织直接消化（assimilate）然后转至应用（exploit）环节，而在明显不匹配时，这种知识将会被组织先行转化（transform），然后再进入后续的应用环节。

关于吸收能力的研究还有诸多经典文献，例如 Jansen，Van Den Bosch

and Volberda (2005)、Volberda, Foss and Lyles (2010) 等，在此不作详细介绍，感兴趣者可自行阅读。

综合来看，各个研究都在努力厘清吸收能力的概念与内涵，但客观上还是略有差别，不过，尽管存在着不同，对吸收能力基本的理解还是相似的，即吸收能力是一个感知、获取、吸收、转化、应用知识直到最终产出的纵向过程性概念。在此总体认识下，它可以从以下三个更为具体的方面进行解读：吸收能力需要一种输入，没有输入就没有吸收能力，所以吸收能力是要关联到前面的输入环节；吸收能力不是一个环节，而是多个环节相衔接、相关联的过程；吸收能力的效果最终都要体现在它的输出方面，例如绩效、创新、竞争优势、灵活性、反应性等对组织发展有利的方面。通过这些方面的总体认识，就可以对吸收能力这个概念有个较好的理解。

六、探索式与应用式学习之间的平衡关系

下面来谈谈探索和应用之间的关系，因为它们之间的关系在组织研究中非常重要。March（1991）虽然认为探索与应用两者之间的平衡是最好的，但是在什么情况下能够达到平衡，却并未给出明确的回答，所以后续很多学者一直在开展这方面的专题研究，试图解开两者平衡之"谜"。这方面的研究很多，就不一一详细介绍与说明了，这里只特别介绍 2006 年 AMJ 推出的一期关于探索与应用的特刊（special issue）（同一年 *Organization Science* 也推出过这方面主题的特刊）。这一期征集并发表了多篇文章，如果想对探索与应用关系的具体研究有所了解的话，可以多看看这一期。按照 AMJ 的惯例，推出一期特刊时，会让该特刊的客座编辑共同来写一篇专题性的短论，一方面谈谈他（们）对该专题的高度简练性的认知与理解，另一方面也顺便介绍该期特刊所收录的文章情况。由于客座编辑都是相关领域的国际知名学者，因此一般情况下这种短论都是经典之作，对于了解与

体会所述专题有着极好的启示意义。

2006 年 AMJ 的这期特刊短论便属于该领域的经典之作，它系统全面地梳理、概括并提出了探索与应用得以平衡的多种可能性（当然也包括不可能性）。与其分散地一个个介绍关于这两种机制平衡关系的研究文献，不如借用这篇短论来集中介绍，因此要特别说明的是，下面关于探索与应用的平衡问题或现象的介绍与探讨，基本是围绕这篇文献中的观点来展开的。这篇文献便是 Anil K. Gupta，Ken G. Smith 和 Christina E. Shalley 于 2006 发表于 AMJ 上的论文《探索与应用的交互影响》。

回顾一下 March（1991）的观点便知，马奇认为探索与应用对于组织都是很重要的，但这两者之间存在着竞争关系，因为都需要消耗资源，但组织的资源是稀缺的、有限的，所以组织想要长久的发展，就需要在两者之间进行平衡。但是如何进行平衡，马奇却没有交代，这便是组织研究中经典的探索与应用之间平衡之惑。而 Gupta，Smith and Shalley（2006）基本上是回答了目前这方面的主要困惑，解开了其中一些可能存在的机制。具体来看，该文认为需要从三个方面分别理解探索与应用平衡之惑：两者之间是正交的（orthogonal）还是连续的（continuous）关系；两者之间是双元（ambidexterity）还是间断性均衡（punctuated equilibrium）关系；两者之间是一体两面（duality）还是专业化（specialization）关系。

首先是关于正交还是连续的争论。两者是正交的关系，意指两者之间互不干扰，如果用线条来表示就是两条相互垂直的线条，在这种情况下，两者是一种可以共存的关系；而如果两者关系之间不是正交的话，那这两者之间的重叠性很大，就相当于用一个维度代表另外一个维度了，其中一个维度独立存在的必要性就要大打折扣了。Gupta，Smith and Shalley（2006）中所谓的"正交"，是指探索与应用之间关系是互补的、不排斥的、可共存的、相互增强的，一起构成了完整的学习创新行为。而"连续性"则代表了探索与应用两者之间的取值是互相影响、竞争与排斥的，难以共存于一体，就像是一个连续性的线条的两端一样彼此对立，在这种情况下，两者取值要么是连续体的这一端，要么是连续体的另一端，具体来说就是要么是探索、要么是应用，两者之间的兼容性差，难以共存于一个组织之内。考虑到同时拥有探索与应用对组织的可持续发展非常重要，因此，希望两者之间的关系是正交的，而不是分属连续体的两端，而如果是后一种情况，Gupta，Smith and Shalley（2006）指出可以通过在组织内部不同的领域或系统里分别去进行探索与应用来实现。

其次是关于双元还是间断性（或周期性）均衡的争论。双元是同时拥有探索与应用的状态，通俗一点来说就是两者通吃的情况；而间断性均衡是指随时间而交错实现探索或应用，就如同春夏秋冬四季轮回一样，先探索后应用，再探索，再应用……Gupta，Smith and Shalley（2006）认为上述两种状态均有可能，但是在不同的情况下。例如，在单个紧密内敛的领域或系统内，更有可能实现的是后一种状态即周期性的均衡状态，而不是前一种双元性状态；相反则有利于双元性状态的形成而不是后一种。

最后是关于一体两面还是专业化的争论。一体两面好比一个硬币有两个侧面，两面同时存在，在这里意指探索与应用同时存在；而专业化好比硬生生地把一枚硬币的两面切割开来，要么要这一面，要么要那一面，只能选择其中之一。对于后一种情况，虽然可以在同一个组织之内同时追求探索与应用，但这确实很难，那么，变通的方式是自己可以专业性地从事探索或应用中的一种，而将另一种交由自己的联盟与合作组织。这样，该组织通过紧密的组织间联系实现了探索与应用的兼具，就比如苹果只负责设计，富士康只负责生成，但这两个组织组成了联盟，就类似于一个硬币的两个侧面同时存在。

尽管 Gupta，Smith and Shalley（2006）并不见得穷尽了所有探索与应用的细节类型，但是其对于这两者关系的探讨是深入与具体的，令人印象深刻，为思考探索与应用平衡之感提供了极大的启发。

第 3 章
组织研究的社会网络与社会资本理论视角

一、组织网络研究的源起：弱联结与嵌入性

组织管理研究的一个重要学科背景是社会学，分析中所运用的社会网络与社会资本理论主要源自社会学知识。社会网络与社会资本是紧密相关的两个概念，有时候把它们交换着使用，有时候稍微有些区别。下面先来讨论社会网络相关的话题。

社会网络这个概念及其相关理论虽然主要源起于社会学，但是"网络"这个词及其概念在数学中早已常见。在社会学研究中，人们发现把网络这个概念和一些社会现象联系进来进行分析，能够透彻解释一些很深刻的道理，由此，社会网络概念的重要性得到关注。后来，组织管理研究者发现在做研究时，社会网络也是一个无法避开的重要问题，从而社会网络概念及其理论开始快速进入组织管理研究领域。

事实上，关于社会网络这种现象本身，早在梅奥的霍桑实验中就已发现了，梅奥将其描述为"非正式组织"，认为其是组织中的一个必然存在，有着强大的"力量"。虽然梅奥提出了"非正式组织"概念及其理论观点，为后续相关研究提供了全新的思路，但是，由于当时的研究技术及方法限制，并未上升至"网络"的概念进行分析。

组织管理领域的社会网络研究很重要，这是因为我们日常生活中充斥着各种网络关系，组织的运转是在一个网络的环境中展开的。比如说，当

第 3 章 组织研究的社会网络与社会资本理论视角

你经营企业或创业过程中遇到了困难,是自己独自解决,还是找别人帮忙解决呢?如果寻求别人帮助,你会向谁求助?当遇到自己无法独立解决的问题时,你可能就会尝试在社会网络里寻求别人的建议与帮助,这就是一种"咨询网络"(advisory network)。除此之外,当你有一些私人情感或困惑需要倾诉时,也会寻求某些网络关系中的联结者,如同事、同窗、同乡、亲属、老友等。这种网络现象并非中国所独有,在西方社会也普遍存在,事实上,社会网络现象的概念及其理论研究最初源自西方学者对其社会、经济与组织现象的提炼与总结。例如,哈佛大学的校友之间就形成了一种校友关系网络,这一网络对哈佛毕业生的职业成长很有帮助。在西方社会中,私人之间的信任与联结是行为的"助推器",某个人的私人推荐信可以为他人找工作提供重要的帮助,而拿到私人推荐信是一件很难的事情,这种网络关系不应理解成传统意义上的两个事物或现象间的简单"联系"(relationships),而是一种网络理论中特称的"社会(关系)联结"(social ties),是相互交织扭结在一起的互动性关系。

论及社会网络的理论研究,必然绕不过一个学者——马克·格兰诺维特(Mark Granovetter),他是当代最为著名的社会学家之一,至少为社会学理论进展贡献了两篇无人不知的论文,它们可以被共同视作社会网络(及社会资本)研究的奠基之作。

格兰诺维特于 1973 年在 *American Journal of Sociology* 上发表了题为"弱联结的力量"(The strength of weak ties)的论文,极大地推进了社会网络(及社会资本)的研究(Granovetter,1973)。这个论文的题目本身就充满着悖论(paradox)、冲突(tension)与有趣性(interesting):强联结没有冲击力,弱联结怎么可能还会有力量?理论创新点确实很吸引人。他于 1985 年又在同一期刊上发表了题为"经济行为与社会结构:嵌入性问题"(Economic action and social structure: The problem of embeddedness)的文章,研讨的是(网络)嵌入性对经济绩效的作用,把网络嵌入性摆到一个很高的位置上，直接奠定了经济社会学（economic sociology）的理论基础。下面就结合上述格兰诺维特的两篇奠基性论文来展示社会网络研究的理论体系构建的过程。

首先来看1973年的"弱联结的力量"研究。在理解一篇论文的研究及其理论贡献时，必须特别注意其研究的具体场景及情境。格兰诺维特这篇论文的观点与理论和其研究情境紧密相关，如果把其情境一变，就会发现理论观点或许就难成立了。格兰诺维特研究的对象是什么呢？他研究的是社会学中经典的现象与问题——找工作（job searching），更具体地说，是美国波士顿郊区的人们找工作中的现象。

格兰诺维特想要回答到底什么样的人更容易找到工作、更容易找到好的工作。他发现，有着广泛联系且这些联系不是很强的那些人，更容易找到好的工作。这是一个有意思的现象，但还未上升到理论贡献层面上。为什么这些"弱联结"更容易让人们找到好的工作呢？

所谓的弱联结，打个比喻，就如同我们中文情境中所谓的"点头之交"。点头之交可以让行为者的网络关系渠道构成多种多样，让其触角分散化从而有可能接触到很广的范围，信息的收集点可以达到很远的地方。如果某个人的关系圈只限于天天见面的同一个宿舍里的好友、同一办公室的同事等，虽然其与他人之间构成了强联结，但是，相互之间由于天天见面交流、无话不谈，彼此之间很熟悉，就难以获知大家都不知道的新信息，因此，从信息获取的多样性、广泛性、异质性与及时性等角度来看，这种强联结似乎发挥的作用还不如弱联结有效。

结合格兰诺维特所研究的具体场景或情境而言，由于信息的流动过程透明，更快地找到好工作不在于其他，而主要在于能否更快、更及时地了解到招聘信息，只要满足招聘条件，在同样能力的情况下，先行一步的人往往就比别人更有可能成功找到工作，甚至是好的工作。那么，什么样的联结更容易实现这种结果呢？显然是弱联结。这就从理论层面回答了具体现象背后的深层逻辑。

格兰诺维特研究的重要理论意义与贡献在于：社会关系联结可以为行为者带来行动上的便利性，从而为社会网络大范围地运用到相关现象研究中奠定了理论出发点；社会关系联结可以发挥多种功效，其中信息获取是重要的一种形式，从多样性、异质性与及时性信息获取角度来看，只要信息流动通道透明有效（注意这个前提），弱联结就比强联结更重要，这就是所谓的"弱联结的力量"，人们也常将格兰诺维特的这个观点称为"弱联结理论"。

格兰诺维特的弱联结现象并非只存在于他所研究的波士顿郊区，只要是符合其研究情境特征的现象都在该理论解释范围之内，具有这种特定情境下的一般性。例如，当下高考进行学生录取，是在成绩公布后按照平行志愿规则填报志愿后进行的。现在的信息透明度非常高，在这种志愿填报方式下，上一个与自己分数相对应的、尽可能理想的大学或专业，是很有可能的一件事情，因为这主要靠自己或者依靠相关人士对大量信息的收集与分析就可达到，而不是依靠什么特定"熟人"的帮助来实现，即更多的是弱联结而不是强联结在发挥作用，在这种信息流动充分、透明的情境下，决策的好坏在于能否从广泛的渠道及时获取多样性的信息。

格兰诺维特的弱联结研究对于我们开展理论构建很有启发。理论研究并非只是发现了一种独特的现象，或者只是对现象进行描述与说明，更重要的是从深层次、（特定情境下的）一般化的逻辑机理上对现象的发生进行破解，只有这样才构成了理论性贡献。一个研究能否升华到理论层面，非常考验研究者的水平和能力，是高质量组织研究的核心诉求之一。

如果对格兰诺维特的理论进一步思考，可能会发现更有意思的现象：如果我们问问周围的人，到底是强联结还是弱联结更容易帮助他们找到好的工作，人们就会困惑，因为这个问题难以一概而论。在有些时候、对于某些工作，可能强联结更有助于达成目标，否则人们只需看看手机、上上互联网就可以轻松达到目的,这显然也是有悖常理的。因此有人可能会争论,在某些时候,应该是强联结更容易实现找到好工作的目标。为什么会这样呢?因为弱联结只是简单地带来新的异质性信息,而难以产生影响力与执行力,当某些找工作的结果与后者关联时,就将是强联结(而非弱联结)扮演重要角色。意识到这一点,追索下去将有可能产生很大的理论贡献。事实上,华人社会学者边燕杰(Yanjie Bian)正是按照上述思路,在中国进行了研究,证实了上述理论观点。边燕杰的理论贡献实质上并非仅在于发现强联结有助于找工作,而是在于指出强联结可以带来影响力与执行力,当行为者寻求影响力与执行力时,有必要借助强联结而不是弱联结。边燕杰的这个研究以"将强联结带回来:非直接联结、网络桥与中国的求职"为题,于1997年发表在 *American Sociological Review* 上(Bian, 1997)。

当然,有人或许认为,中国文化是一种相对团体性与集体性的文化,人们之间的关系联结更紧密;而西方属于个人主义文化,不强调紧密的关系联结,更看重分散性的个人作用。有些时候依靠强联结找工作只属于中国情境下的现象。如果上述现象用这种观点解释,表面上似乎也是可行的,不过,细想起来却有点勉强。西方社会也有依靠强联结找工作的现象,例如一封推荐信帮某个人搞定一个工作职位。因此,深层次理论上的贡献并非简单的中西方情境之别——如果是多样性信息发挥作用,则借助弱联结,如果是影响力与执行力扮演角色,则依靠强联结,从而可将理论放置于一个更深层次的逻辑上进行理解。

所以,在研讨社会网络研究的理论进展时,我们应先思考格兰诺维特的弱联结理论与边燕杰的强联结理论各自展示了什么;再结合两者的研究来进一步思考如何进行理论拓展与理论创新,如何看待理论的边界性、研究情境……诸如此类的问题值得我们从这两篇论文中细细品读与体悟。

另外,格兰诺维特不仅提出了"弱联结的力量"命题,他还给出了测量社会联结强弱的工具。他的测量工具分为四个维度,之所以称之为维度,是指这四个方面（或指标）是相互补充的，一个指标取值高或低，并不影响另一个指标取值高或低。

第一个维度是相互之间互动的时间多少，例如每天互动或面对面相处的时间等。第二个维度是相互之间情感深厚程度，例如两人虽然天天见面或在一起，但是却缺乏情感交流甚至没有眼神的交流等，即"感情不深厚""没有产生情感火花"，此属弱联结。第三个维度是相互之间的私密程度，例如相互之间会不会说些"悄悄话""知心话"，会不会相互倾诉各自的内心苦闷等。第四个维度是互惠交换，这个维度不应忽略，社会网络研究的往往是一种互惠性的关系，旨在提升各自的幸福感，如果是单向的，就如同"单相思"，就不存在任何关系联结。格兰诺维特认为以上四个方面共同决定了某种联结的强弱程度。

除了1973年的"弱联结的力量"命题，格兰诺维特还于1985发表了题为"经济行为与社会结构：嵌入性问题"的影响非常广泛的论文（Granovetter，1985）。虽然"嵌入性"这个概念并非格兰诺维特首创，但是，一提到经济行为的"嵌入性"，人们还是惯性地将其与格兰诺维特联系起来，可见他的这个研究的影响力。在该研究中，他正式、明确地把经济学和社会学连接了起来，将社会关系和人们的经济行为联系了起来。这是什么意思呢？一个企业、组织或个体做得好还是做得不好，以前的经济管理理论认为是什么原因造成的呢？是自身的原因所致。例如自身所拥有的资源、自身客观条件、竞争力等因素，你的行为及成功只是你自己的事情，和他人无关。典型的是战略管理中的资源基础观（resource-based view，RBV）（Barney，1991），它就是传统分析思路。但是，社会学并不完全认同这一点，社会学者认为个体或组织的行为离不开其所处的社会环境。当将经济学与社会学的分析思路打通并连接起来，则可以说个体或组织的经济绩效与其所处的社会环境具有相关性，即并非其自己、个人的事情，也同时和与他者的社会联结高度相关，这就是经济社会学的核心论点。具体到格兰诺维特的观点就是,人们或组织的经济行为及其绩效是嵌入于行为者所拥有的社会网络之中的,是以网络联结为基础的。他的理论贡献就在这里,这一贡献意味着从此以后如果研究组织甚至经营者、管理人员的经济行为和经济绩效等问题时,直接可以从社会关系网络这种现象里面去寻求背后的机制,这个就相当于奠定了社会网络在组织研究中的理论合法性。

除构建了社会网络在组织研究中的理论合法性地位之外,格兰诺维特1992年还在一本经典的会议论文集《网络与组织:结构、形式和行动》(*Networks and Organizations: Structure, Form, and Action*)中,对嵌入性的特征与类型给出了精辟的见解,做出了突出贡献(Granovetter,1992)。该论文集是在社会网络与组织研究兴起之时,相关领域著名学者们召开的一个小范围专题会议的成果,格兰诺维特在其中提出了嵌入性可分为两种类型:关系性嵌入(relational embeddedness)和结构性嵌入(structural embeddedness)。关系性嵌入的研究对象是两两之间(dyadic)的关系,是两个行为者之间关系的联结特征,一般分析的是关系联结的质量、强弱等;而结构性嵌入的研究对象是行为者所依存的网络特征,一般分析的是网络的关系数量、结构洞及其他结构特征。

二、组织网络的构型特征与网络结构洞

一般情况下,任何一个网络实际上都包含四个方面的内涵要素。第一个是行为者(actor),指网络中的行动主体,在组织研究领域,行为者可以指个人,也可以是一个组织。第二个是"联结"(tie),意指个人或组织间交织着、纠缠着、你来我往的互动性连接。当考察的是其对组织的影响与作用,或者是站在组织层面上理解这种联结时,其所构成的网络便可称为组织网络。第三个是结构(structure),指行为者共同形成的网络关系联结

图的特定结构。第四个是网络的内容（content），即分析网络中流动的是什么。一般认为，网络中最主要的内容就是信息。内容分析也应该是网络分析的一个重要方面，不过，尽管很重要，但要直接研究网络内容却是很难的，因为网络中间到底流动的是什么很难准确地直接测量出来。人们为了克服这一困难，找了一个替代方式，即用网络的不同类型来代表其中所包含的不同内容，例如友谊网络（friendship network）和咨询网络（advisory network），前者是指某个行为者的朋友圈，是一种私人性的非正式关系联结网络，而后者反映的是某个行为者如果在工作中遇到难题会找谁去寻求建议和意见。另外，还有一种叫做社会支持网络（social support network），反映的是你脆弱的时候会找哪些人来倾诉情感。所以，对网络内容，一般是通过这样的问题来捕捉网络里面不同的内涵，但是笼统来说，除非特别强调，研究社会网络更多看的是网络中间流动的信息或者知识，而以上四个方面分别构成了网络分析的具体"抓手"。

同样数量的行为者，可能会构成为不同的网络。例如图 3-1 中的两个图，行为者数量都是 5 个，但是，所构成的两个网络是完全不同的，至少在结构上就不一样。网络 A 中的关系联结更密集一些，我们可称之为关系密集型网络（dense network），而网络 B 中的关系联结就较为稀疏一些，我们可称之为关系稀疏型网络（sparse network）。前者从总体特征来说带有内闭性（close 或 cohesive），而后者相对来说具有一定的开放性（open）。

现在假设有一个由 5 位行为者组成的群体，就如同图 3-1 所示，那么，是网络 A 的群体还是网络 B 的群体里更容易存在弱关系联结（weak tie）呢？显然是网络 B。为什么这么说呢？这是因为这个群体网络中成员之间并未完全受到既有联结的绑定与固化，相对不那么内敛与封闭，倾向于容纳新的信息，这种特征是与格兰诺维特的弱联结理论观点相通的。因此，一般情况下，我们一提到关系（连线）密集的网络，其内涵就对应着强联结，而关系（连线）稀疏的网络，其内涵则对应着弱联结。

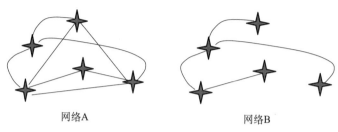

图 3-1　整体性网络构型

另外，网络还有一种表达方式，可以用图 3-2 这种画法来展示。这种示意图表面上看起来似乎在构成上与图 3-1 是一样的（例如从行为者、关系联结、结构、内容来看），但是却代表了一种完全不同的网络内涵与分析角度。它并不是图 3-1 中行为者的位置或连接的重新摆放，而是围绕着某一个行为者（ego）展开的网络分析。图 3-1 中的两张网络图被称为全网络或整体性网络（whole network，overall network 或 global network），而图 3-2 中的两张网络图则被称为自我（为中心的）网络（ego-centered network 或 ego network）。

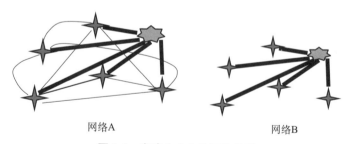

图 3-2　自我为中心的网络构型

在自我网络中，首先聚焦于某个关键行为者（ego），然后选取其所构建或拥有或嵌入的关系网络（ego network）进行分析，而这种网络中的其他行为者，均可称为"他者"（alter）。分析自我中心网络的目的，在于分析网络的特征对自我的行为与绩效的作用与影响。所以，从网络角度来看待某个人或某个组织的行为与绩效，自我中心网络分析是非常关键的角度。

打个比喻。比如说一个公司中，把所有员工两两之间的非正式关系联结画于一张图中，形成的网络就是整体网络或全网络；而如果只是聚焦于其中某个员工 A，然后把和该员工 A 有非正式关系的所有其他员工选出来，将这些人员之间的网络关系画成一张图，形成的网络就是以员工 A 为中心的自我网络，说得直白一点，就是研究某个行为者所认识的人们之间构成的网络。全网络研究的主要网络指标包括网络中心度（centrality）、集中性（centralization）、小群体（clique）、网络规模（number）、网络密度（density）等；而自我网络研究的主要网络指标包括关系数量（number of ties）、中介性（betweeness），另外还有一个特别关键的概念，即下文将要专门介绍和讨论的结构洞（structural holes）。值得指出的是，在自我网络中，不存在网络"中心度"这个问题，因为"自我"（ego）一定是这个网络中核心的成员，这个网络中的其他所有成员都与该核心行为者相连接，不论这些其他成员相互之间是否全部连接，因为这个网络就是围绕着该核心行为者而构建的。

关于网络分析的一些最基本指标、概念及相关知识，可以参看 Wasserman and Faust（1994）关于这方面的详细介绍。除此之外，如果要进行指标计算，目前有专业的社会网络计算软件 Ucinet，只要将数据输入进去，就可以由软件自动计算出相应的网络指标来，不需人工运用公式推算。当然，这个软件也可以根据数据绘制出相应的网络图。

下面介绍一个网络研究中非常重要的概念——结构洞。结构洞这个概念是由罗纳德·伯特（Ronald Burt）于 1992 年出版的著作里提出来的。这本著作的主标题是"结构洞（*Structural Holes*）"，而副标题却是"竞争的社会结构（*The Social Structure of Competition*）"——一个社会学领域的网络概念却和竞争联系起来。对于竞争这个词，管理学领域的人并不陌生，研究战略管理的人都应该清楚什么叫做竞争，竞争的目的就是为了确立竞争优势（competitive advantage），伯特的意思是什么呢？他是说，社会学领域的结构洞概念是理解竞争与竞争优势的重要出发点。这个论点太具新意了！事实上,在管理学领域,运用社会网络思路、从网络结构对组织问题进行的研究,大多数都或多或少与结构洞这个概念有所联系,或者干脆就是运用这个概念展开分析的。可以说,结构洞是网络结构研究的最为关键的指标。

我们来联系一个企业,把伯特的观点精髓表述一下,就是拥有丰富结构洞的企业家(及其企业)才有竞争优势。其核心论点就这么简单。那什么是结构洞?为什么拥有的网络中富含结构洞就容易构建起竞争优势呢?

假设有一个由三个行为者构成的自我中心网络,其中除了一个"自我"之外,还有两个"他者",参见图3-3。对于图3-3中的网络A,两位"他者"没有任何连线,即相互之间不存在任何关系联结;而网络B中,两位"他者"之间有连线,这意味着两者之间是有关系联结的。图3-3所示是最简单的理解结构洞概念与现象的网络。在网络A中,两位"他者"如果要想建立联系,或者传递信息、分享知识,必须通过"自我",而在网络B中则不需要,两位"他者"可以完全绕开"自我"那个点而直接建立联系、进行互动。在这种情况下,网络A中那两个"他者"之间就存在结构洞,而网络B中则不存在结构洞。当自我中心网络的规模增大时,如超过两个"他者",则可能有的行为者之间存在联结,而有些没有。当存在联结的情况较少时,就意味着该网络的结构洞较多(富含结构洞);如果联结较多,就意味着结构洞较少(联结密集)。存在两种极端情况的网络:网络中所有的"他者"均无联结,或者均建立了联结。前者是结构洞最多的情况,后者是结构洞最少或没有结构洞的情况。若对上述现象稍微理论化或概念化,那么结构洞是指自我关系网络中的非连接性或非相通性,这便是Burt(1992)对于结构洞概念的界定。

如果问一个人喜欢哪一种网络,或者说,由于这是一种行为者所嵌入、自己形成或构建的网络,是可以为自己采取某种行为、决策或取得绩效服务的工具,那么,你愿意拥有哪一种网络呢?不同人的答案可能各不相同。

第 3 章　组织研究的社会网络与社会资本理论视角 | 73

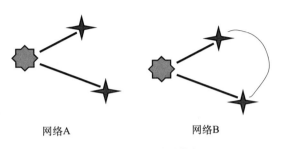

网络A　　　　　　　　网络B

图 3-3　网络中的结构洞

事实上，当我们关心的问题不同时，可能的答案也会不一样。比如说，喜欢图 3-3 中的网络 A，可能是因为这种网络代表了以其为中心所连接的其他两个行为者之间是没有办法沟通信息的，他们必须通过自我中心点才能够达到资源互换，那么"自我"作为中心点的重要性就充分体现出来了。具体来说，从控制性、垄断信息的角度来理解，结构洞可以提供便利性，此时，人们认为结构洞的最大优势就在于控制性。

另外，当某个行为者喜欢从不同的渠道获取信息、从不同的渠道建立联系，更愿意到达更广泛的触及范围，那么，图 3-3 中的网络 A 也更有利，因为网络 A 中两个"他者"之间缺乏交流与沟通，从而相互之间的信息很有可能是异质性的，两人之间的相通性较低。而网络 B 则意味着这两个行为者之间具有相通性，他们的信息以及拥有的关系资源大致类似，那么另一个人在前一个人基础上给网络增加的边际收益与优势微乎其微，也就是说，其中一个人就是多余的、可以删去，或者说，网络拥有者（"自我"）只需要认识两位"他者"中的一位即可。显然，从这一点来看，网络 A 更好，可以带来异质性、多样性、及时性的信息，是一个富含结构洞的网络，是一种关系稀疏的网络，是一种相对开放的网络。网络 B 的关系冗余性就比较大，"自我"与两位"他者"同时保持联系的效果其实并不佳，因为多建立一个关系联结是要耗费精力、时间与资源的，但却未因此带来边际的收益增加。这种网络事实上与那种只和其中任何一位"他者"保持联系而删去另一位"他者"的网络的效果一样。举个例子，如果你认识的两个人天天都在一起工作、学习与生活，你所认识的这两个人掌握的信息与知识估计都比较类似，而且其中一位新获取的信息也很快变成另一位的信息，相互之间没有什么"秘密"和"新闻"可言，闭着眼睛都能猜到对方想什么或要干什么，那么他们两位对你获取更多信息的边际效应接近于零。尤其在许多情况下，关系亲密意味着都愿意相互分享，意味着问对方的秘密可以被视作一种关心。所以，如果要想获取新知识，最好的办法是网络中的其他行为者之间完全没有相通性、没有任何连线才好。从这个角度来理解，结构洞就意指非冗余性，与格兰诺维特提出的"弱联结的力量"命题有异曲同工之妙，即两个理论关于信息获取方面的分析是相通的，只不过结构洞理论还更强调控制性，而弱联结理论则无此含意。

按照 Burt（1992）的论点，结构洞少则意味着冗余性，去掉网络中多余的节点与连线对这个网络并没有什么太大的影响，因此他建议尽量避免维持这种结构的网络。如果网络中许多行为者与连线都是冗余的，那么维护 100 个人的网络的收益或许还不如拥有 10 个完全非冗余的人的网络。在图 3-3 网络 A 中，两个"他者"之间存在着非连接性与非相通性，因此他们之间就存在着结构洞，而如果某个行为者与这两个"他者"之间分别建立关系联结，或者说从事了"桥接（bridge）"行为，那么，其就可以轻松地获取结构洞的收益与优势，从而比网络 B 中的核心行为者更加游刃有余。因此，这个时候"自我"便扮演了某种"经纪人（broker）"的角色。结构洞的分析往往是与桥接行为、与经纪人角色紧密联系在一起的。

综合上述，结构洞具有增加控制性与获取多样性信息两种功能，由于伯特眼中的控制性来自两个第三方之间的非连通性，因此往往被人们所诟病，认为结构洞理论更看重"鹬蚌相争，渔翁得利"式的效应，体现的是网络中"他者"之间目标的不一致性，强调的是"自我"通过让"他者"相互争夺而自己"坐山观虎斗"式的收益。控制性而非信息多样性是伯特结构洞理论的精髓，因为后者已在格兰诺维特的弱联结理论中充分体现了，不过这也成了他的理论最受质疑之处。

总结起来，结构洞理论指出，作为一个个人或者组织，想要获得竞争优势，就要善于占据网络中的优势地位。什么叫做网络中的优势地位？就是这个位置要保证自己拥有的网络是一个充满结构洞的网络，做到这一点就获得了竞争优势，而竞争优势体现在两个方面：一个是控制，一个是非冗余性、多样性的信息。

对于结构洞的测量与计算，则不如上面所说的那么直接。结构洞的计算不是直接或单纯数多少个非连接的节点或连线。按照 Burt（1992）的观点，比较常用的结构洞指标包括有效规模（effective size）、网络的效率（efficiency）、网络的限制性（constraint）等。有效规模与效率好理解，从 Burt（1992）对于网络的分析逻辑来看，既然网络存在冗余性的情况，那么，以一个有限的投入维持一个尽可能高效的网络或者维持冗余节点较少的网络是值得追求的。限制性是用来分析结构洞最常用到的一个指标，当网络中的结构洞较多时，"自我"对"他者"的控制程度更大，其在所拥有的网络中的自由度也就更大，受网络中其他行为者的制约与束缚则较少，这种情况下限制性指标就较低。也就是说，限制性是结构洞的反向编码指标。关于限制性的计算公式与详细定义可参见 Burt（1992），Ucinet 软件有关于限制性指标的计算界面，计算得出网络限制性指标后，为了便于理解，在实证分析时往往进行反向编码，以此代表结构洞。

结构洞理论自提出后，在组织与管理领域保持了多年的研究热度，许多研究都在辨析不同情景下这一理论的适用度，去验证、拓展甚至挑战它。如果伯特和大多数学者都认为结构洞可以发挥特殊的功能，但某项研究揭示出在某些情境下偏偏效果不佳甚至发现反向作用的情况，那么这项研究就比别人往前多走了一步，这就叫做好的研究。任何一个理论的发现都是有边界条件的，都是在否定之前的假设和边界，或者把原有边界进一步拓展，或者寻找一个新的长期被忽略的情景。对许多研究者来说，很难一下子建立起一个有一定解释力的理论（例如中层理论），更别说一个宏大的理论，但最起码可以做到将现有理论往前再推进一步。

结构洞理论是以结构视角来看网络功效的重要理论之一，这一视角认为结构就是网络，更进一步，富含结构洞的网络就好，因为其拥有更多的控制性和多样性的信息，从而就意味着好的功效。但是，结构洞的作用可能并不是这么简单的，我们需要在不同情境下去探讨它，例如在什么情境下好而在什么情境下不好。在这中间，存在着另一种非常有名的看待网络功效的重要理论，即美国社会学家詹姆斯·塞缪尔·科尔曼（James Samuel Coleman）于1988年在 *American Journal of Sociology* 上发表的论文中提出的观点。这篇论文谈论的是社会资本的功效，科尔曼认为，社会资本实际上可提供三种作用，第一种是预期或义务，例如，两个人之间有一种友谊关系联结，那就意味着两个人之间有一种预期或义务，即预期在某个时候你不会伤害到我，你会给我提供帮助。但是，在结构洞理论里却没有预期和义务这些概念，事实上，预期与义务在结构洞比较多的网络中是很难形成的，因为这种网络只强调多元化的信息和控制性。社会资本提供的另外两种作用是产生信息通道和形成社会规范，这两点在结构洞理论中也是不存在的。之所以存在这两种效应，是因为如果两个人之间存在着紧密的关系，就会彼此分享有价值的信息，相互之间也就会存在着共同的社会规范，就如同一个宿舍里的学生更容易注重"舍规"之类的东西，大家要在这个规范下保持一致。总体上看，科尔曼更强调内闭的网络所带来的功效。

上面两种理论逻辑中哪个更容易产生信任？结构洞更倾向于控制与反控制关系，这种情况下似乎机会主义的倾向更多一些，难谈信任，所以，信任更多地存在于科尔曼所阐述的理论逻辑中。如果将科尔曼描述的理论逻辑与网络结构联系起来，就是在一个关系联结比较密集的网络中更容易形成信任关系，在关系稀疏的网络中很难结成信任关系。而如果将网络现象转换为两两之间的关系联结现象,就是关系越强,信任程度越高,关系越弱,越不容易形成信任。

所以,伯特和科尔曼之间就存在着争论,科尔曼强调越是密集的网络越有用,越是密集的网络结构越容易形成高质量的社会资本;但在伯特看来,越是稀疏的网络结构越容易形成社会资本。所以,他们对社会资本的理解是不一样的。这一争论,事实上代表了从两个不同角度看待社会网络与社会资本的差异。

我们可以用一张表来表示上述的争论及其延展性观点(见表3-1)。伯特说结构洞很好,因为其可以带来竞争性优势,让我们在竞争中胜出,使得我们利用网络可以做很多事情,但实际上有人说可能不是这样。例如,有人做了研究后说结构洞多了,并不见得有助于传递隐性知识(Larson,1992)。如果结构洞多,则意味着这是一个稀疏的网络,那么依靠双方深度交流互动的隐性知识共享是很难在此网络中展开传播的,但是,这种网络却有利于传递显性知识。当然,结构洞多了,意味着网络是一种开放性的结构,意味着行为者的触角可以伸得很远;结构洞多了,网络中的多样性就强了,但多样性又会影响一致性,往往你一言、我一语,达成一致行动变得困难;结构洞多了,也可以带来更加及时的信息、更加敏捷的反应等,但同时很难产生稳定性,因为这种网络中的成员往往各行其是,难以形成一致的认知与行为准则;不过,结构洞多了,反倒有利于创新,因为如果都是密集的关系与强联结,大家的思想观点都类似,是很不容易创新的;此外,结构洞多的网络其灵活性和柔性相对高一些,人员变动的可能性就大一些,流失的比例也可能高一些,因为相互之间没有形成很明显的依附性,因此这种网络的不好之处就是凝聚力差一些,遇到困难和突发事件时(需要共度时艰时)不容易胜出;如此等等。目前关于这方面的研究认识大致基本达成了一致,结论见表3-1,这张表基本上体现了与结构洞相关的一些常见边界与情境。

表 3-1　结构洞及其效应对照

结构洞多的效应	结构洞少的效应
多样性	一致性
及时性	稳定性
创新性	内敛性
灵活性	凝聚性
显性知识	隐性知识
松散性	脆弱性
远达性	近揽性
突破限制	依附与内耗
互相算计	互相结盟
弱联结	强联结

三、社会资源理论

社会资本是和社会网络紧密相关的一个概念。资本代表了一种经过投资运作与生产而产出收益的资源。因此，资本和资源不一样，资源实际上是被投资、培养、运用的东西，资本应该是体现了投资的过程，或者说是用来投资以产生某种收益的资源。社会资本不像劳动资本或者纯粹的金融性资本，它是不独立于某个个体而存在的，通常存在于人和人之间的关系之中，考察社会资本至少要同时考察两个行为者及其之间的关系联结。关于社会资本的定义及分析理论有很多，这里重点介绍一下华人学者林南（Nan Lin）对于社会资本的研究视角。

林南因其提出了社会资源理论（social resources theory）而成名，其理论观点多见于不同的期刊论文与书中（如 Lin, 2001；Lin, Fu and Hsung, 2001；Lin, Vaughn and Ensel, 1981；Lin, Ensel and Vaughn, 1981；Lin, 1999；Lin, 2000 等）。在这些研究中，林南认为，人们行动与发展所需的

社会资源大多数被控制在其他人手里，尤其是一些关键性、重要的资源，因此需要和其他人建立社会联结（social ties），才有可能去摄取（access to）这些资源。此外，其他人手里不仅控制着社会资源，他们本身也是一种社会资源。林南的理论在谈及社会资本概念时，认为人们及其地位、资源等构成了一种类似金字塔式的结构，在金字塔不同位置的行为者，其社会资源特征是不同的，社会地位越高的人，其社会资源质量越好，不过，这些地位高的人在社会中只占少数。某个人所建立的社会网络中的行为者及其所拥有的社会资源便构成了林南所关注的社会资本，即某个人可以摄取某种社会资源的情况。这里需要特别指出的是，林南只强调是否能够触达某些资源的情况，而不是实际动用了的（mobilized）资源，或者说，他的理论更像是考察个体所拥有的网络的最大或潜在功效。

在林南的社会资源理论中，他根据自己的长期研究而给不同工作及职位赋予了不同的社会地位层级。在研究某个个体的社会资本时，他认为社会资本有三个测度指标：范围（range）、广泛性（extensity）、可到达的最高职位或社会上层可达性（upper reachability）。范围是指个体所认识的人中，社会地位层级最高和最低之间的差别量，这是一种纵向的测量指标，从这个指标来看，如果个体只认识一种工作地位层级的人，其社会资本显然不如认识两个或两个以上不同工作地位层次的人的个体。广泛性是指工作职位类型的多样性程度，而不是指人数多少——越多样化，其拥有社会资本越高。可到达的最高职位是指认识的所有人中，社会地位层级最高的那一层级。因此，如果拥有网络关系的人数相同，但上述三个指标完全不同，其社会资本也各不相同。同时，要想完整理解社会资本，只考察其中一个测度指标是不够的，无法真实显现出某个人的社会资本情况，必须从三个方面同时来分析才最全面。上述三个指标共同决定一个人的社会资本总量，而这就是林南的社会资源理论的主要思想（Lin，2001；Lin，Fu and Hsung，2001）。

林南的社会资源理论在构建其分析对象的关系网络并测量社会资本时，采取的是一种职位测量方法（如 Lin, 2001; Lin, Fu and Hsung, 2001）。一般情况下，测量社会关系联结（social ties）及社会资本、画出社会网络，需要使用特定的技术方法，常用的有两种：一种是姓名生成法（name generator），另一种是职位生成法（position generator）。这两种技术方法的测量思路略有不同。

姓名生成法侧重于探知某个行为者所拥有的网络关系特征，不过，其并不关心网络关系人本身的差别性。例如，这类方法一般会问："当你遇到困难的时候，你会找谁去寻求帮助？这些人之间的关系是什么？"虽然叫做姓名生成法，但是这种调查技术可以完全匿名进行，网络关系人具体是指谁，并不需要特别注明或给出，只要被调查者自己心里知道即可。一般情况下，当这种网络的规模或人数较多时，没有必要太发散，可以做一点点限制，例如网络关系人中的前 10 名、前 20 名等。当然，在用姓名生成法时，可以根据研究需要，分别获取不同类型或内容的网络，例如咨询网络（advisory network）、友谊网络（friendship network）等。这类方法适用于大多数网络研究问题，例如结构洞的研究等。

职位生成与姓名生成有些类似，但其需要对网络关系人本身的特征做一定的了解，例如其工作职位等，事实上，职位生成法顾名思义就是获知关系人职位的技术方法。一般是在问卷中，询问被调查人："对照相应的工作职位分类表，在你认识或熟悉的人（例如亲朋好友）里有没有从事表中工作的？"这样就获得了工作职位情况，从而可以进一步获知其社会资本情况。职位生成法是林南经常采用的技术方法之一（Lin, 2001; Lin, Fu and Hsung, 2001）。

林南结合自己的社会资源理论及其所指向的社会资本内涵特征，认为社会资源理论里所研究的社会资本对应的是上述第二种测量技术方法，即职位生成方法，通过了解研究对象的关系网络及其职位情况，从而测量研究对象的社会资本（Lin，2001；Lin，Fu and Hsung，2001）。

综合前述内容，关于社会网络与社会资本研究的主要理论一般有三种：格兰诺维特的弱联结理论、伯特的结构洞理论、林南的社会资源理论。对于弱联结理论而言，两两之间联结的强弱就代表了社会资本；但是，伯特认为结构洞就是社会资本，社会资本可以通过在一个网络里面所占据的位置来体现，即从网络的结构角度来认识社会资本；林南的社会资源理论认为社会资本是嵌入社会网络中的社会资源，社会资本就是可摄取的、嵌入于社会网络中的社会资源。

以上是社会资本研究的三种不同角度，哪种更对呢？这很难评说，它们各有特点，各有创新性的一面。这就隐含了理论研究的技术性所在：尽管某个理论很有道理，但是它并未从某个方面解释某种现象，或者在某个问题研究中没有解释力，那后来人就可以否定其理论假定与理论观点，并在此基础上，修补或新创一种解释理论，这就是理论发展的规律。上述三个理论无所谓哪个更为全面或最为合理，只是不同情境下哪个理论可以更好解释各不相同的现象而已，它们总体上构成了三种理解社会资本的理论角度。

Seibert，Kraimer and Liden（2001）考察了社会资本对职业生涯成功的作用与影响，把上述三个理论整合起来进行了分析，因为这三个理论侧重点不一样，可以分别透视各不相同的机制及影响，从而整体上理解社会资本的功效问题。这篇文章是在组织研究领域对社会资本理论应用的较早阶段做的，加之它把当时三个关于社会资本的主要理论有机地整合起来完整地理解社会资本的功效问题，体现了较好的研究立意与研究设计思路，因此获评2001年AMJ年度最佳论文奖。若感兴趣可以自己找来看一下。

四、社会资本与组织网络研究的经典文献

在组织和管理领域，有几个关于社会资本概念的理论建构值得了解。

一个是 Janine Nahapiet 和 Sumantra Ghoshal 1998 年在 AMR 上发表的文章《社会资本、智力资本和组织优势》(Social capital, intellectual capital and the organizational advantage)，这是关于社会资本研究的一篇经典文献，曾获 1998 年 AMR 最佳论文奖。文中是这样定义社会资本的："嵌入在、获取于、导生自社会单元中的某个个体所拥有的关系网络中的实际与潜在资源的总和。"(The sum of the actual and potential resources embedded within, available through, and derived from the network of relationships processed by an individual of social unit.) 这一定义的核心之处便是关系网络，它是一种关系的总和；除此之外，社会资本不仅是当前现实存在的资源，还包括各种潜在的资源，即网络中的行为者可以通过自身的行动调动与挖掘的各类资源。

Nahapiet and Ghoshal (1998) 进一步认为，上述定义中所强调的"资源"需要从两个方面理解：一方面是指存在于网络之中的资源，另一方面也包括了网络本身，即网络也是一种资源。说直白一点，社会资本就是网络以及网络中的资源。另外，在其界定里，社会资本是由三个维度所构成的。第一个维度是结构性维度（structural dimension），第二个维度是关系性维度（relational dimension）。这两个维度事实上我们并不是特别陌生，因为格兰诺维特 1992 年就在对嵌入性进行具体描述时认为嵌入性可分为结构性和关系性嵌入，这两个维度和格兰诺维特的两种嵌入性有些类似。结构性维度一般包含关系数量、网络结构特征等；关系性维度一般包括信任、规范、认同、义务等。两位作者新增加的第三个维度是认知性维度（cognitive dimension），特指通过网络关系相连的人们之间一些共享的价值观、共同的工作经历、共同认可的叙事逻辑等。社会资本通过上述三个维度来对组织发展与优势具体地发挥特定作用。

另外一个值得介绍的关于社会资本的经典文献是 Paul S. Adler 和 Seok-Woo Kwon 于 2002 年发表在 AMR 上的文章《社会资本：一个新概念的展望》(Social capital: Prospects for a new concept)。此文曾获 2002 年 AMR 最

佳论文奖。在对社会资本进行定义之前，作者认为需要先从三个角度理解社会资本，即本质内涵（substance）、来源（source）、功效或效用（effect）。在他们看来，社会资本的本质内涵应该是双方之间的一种美好愿望（goodwill），即双方之间所建立的社会联结（social tie）代表着一种"我希望你好，你也希望我好"的关系，那么，什么叫"希望你好"呢？就是给你提供帮助、提供建议、提供支撑、提供祝福等。至于社会资本的来源，他们认为是社会关系（social relations）而不是市场关系或科层关系，社会关系是一种持续性的社会联结（repeated ties），是重复性的关系，即一种相互之间经常保持互动、经常交流的关系。事实上，如果是经常聊天、经常互访、经常一起参加活动，相互之间就形成关系联结了，就产生了社会资本了。而关于社会资本的功效或效用，作者则认为有三个方面：第一个是提供信息（information），第二个是产生影响与作用力（influence），第三个是生成稳固性（solidarity）。基于上述理解，他们给出了关于社会资本的定义："社会资本是个体或团队可获取的美好愿望。它的来源存在于行为者的社会关系结构与内容之中，其效应流出存在于其可给行为者提供的信息、影响与稳固性之中。"

Adler and Kwon（2002）进一步剖析了产自社会关系之上的社会资本的具体"来源"形式，指出共存在三种这样的来源形式：第一个是机会（opportunity），行为者所拥有的社会关系会为其与相关者进行紧密交流互动与相互支撑提供机会和渠道；第二个是动机或意愿（motivation），行为者所拥有的社会关系会激发与其有关联的另一方提供帮助的意愿与动力；第三个是能力（ability），行为者所拥有的社会关系会为自己个体发展与能力提升带来助力。

Andrew C. Inkpen 和 Eric W. K. Tsang 2005 年在 AMR 上发表的文章《社会资本、网络和知识转移》（Social capital, networks, and knowledge transfer）也是一篇社会资本研究领域的经典之作，曾获 2015 年 AMR 十年论文

奖（Decade Award）。此文作者也是从三个维度来理解社会资本，即结构（structural）、认知（cognitive）和关系（relational）维度。在此之外，他们还从另外两个维度，即结构类型（结构化、非结构化）、相互关系特征（横向、纵向）来理解组织网络的类型（例如组织内网络、战略联盟、研发合作联盟、贸易协会等），通过上述分类，来具体探讨其中的知识转移问题。

组织网络研究（社会网络视角下的组织研究）方面也有一些经典文献值得我们细读。

首先是 Brian Uzzi 1997 年发表在 *Administrative Science Quarterly*（ASQ）的论文《企业间网络中的社会结构与竞争：嵌入性悖论》（Social structure and competition in interfirm networks: The paradox of embeddedness），该论文曾获得过 1997 年 ASQ 最佳论文奖。格兰诺维特 1985 年虽然提出了嵌入性的命题，但是一直没有人能明确辨析组织是如何通过嵌入性获得经济收益与绩效的，于是 Uzzi 就对此问题展开了具体深入的研究。他在研究时并未选择使用定量的统计方法，而是应用了民族志方法，之所以这样做，是对这种前人未能探知的领域或内在机理不太清晰的领域来说，质性研究是一种较好理解的研究方法。

Uzzi 选取纽约的服装行业（以中小企业为主）作为经验研究的对象，他通过民族志调研方式钻研该行业，深入现场感受、领会的同时展开调研访谈工作。该研究将嵌入性具体化为服装企业之间所建立的"嵌入性联结（embedded tie）"。值得说明的是，在组织管理研究领域，提到嵌入性联结时，一般就意味着强关系，或者将嵌入性联结视作强联结的另一种表述。与嵌入性联结相对的是"一臂之长的联结（an arm's length tie）"，意味着保持着一定距离的关系，与弱联结类似，可以被视作纯市场关系的另一种表述。（因为在西方，人们交流时都是站在一臂之外，排队时也尽量不挨着，保证隐私。）Uzzi 的研究发现，纽约服装企业之间做生意很少用合同去规范彼此的行为，当然，这些企业之间是有合同的，但合同似乎更像是一种象征性的存在。当一方因某种特殊原因未能达到合同规定要求时，只需电话说明一下，其违约行为就能很容易地被谅解并接受，即使合同里对如何处罚违约行为写得清清楚楚。事实上，他们相互之间很少死抠合同条款，而是更多地使用相互之间的嵌入性联结（即强联结）来规范彼此的行为。Uzzi 对嵌入性联结所产生的效果进行了具体的探析。但是，Uzzi 的研究并未到此为止，他还更深入了一步——产生事实上的效应并非这么简单，他惊异地发现，对于一个企业而言，如果在该行业中所拥有的联结都是嵌入性联结的话，反倒不好，最好的状态是一半强联结、一半弱联结，两者的混合促成了最佳的嵌入性绩效结果，他称此为"嵌入性的悖论"。他指出，如果都是强联结，这种状态可称为过度嵌入（over embedded），当处于这种状态时，行为者会与外部的新信息隔离开，因为周围都是关系密集的人，其关注点都处于网络内部，一直受缚于小圈子里，过分关注局内网络了，对于外部世界了解不深；此外，强联结过多还造成灵活性不足、风险较大的缺点，一旦网络里有一个核心成员离开，影响将十分巨大，网络稳定很容易被打破。

学者 Ranjay Gulati 在组织网络方面的研究也需要介绍一下。他在 1999 年发表的论文中提到了"网络资源（network resources）"的概念。这个工作看似简单，实则有着较大的理论意义，他将组织网络作为一种资源，从而将组织网络与资源基础观联系、结合到了一起。在此之前，资源基础观认为企业的竞争优势来自企业内部的特质性资源，即竞争优势源自内部而非外部，但是当把网络也视作一种稀缺资源时，企业的竞争优势可以源自外部的资源（网络），这在理论上迈出了明显的一步。Gulati 在 *Strategic Management Journal*、*Administrative Science Quarterly*、*Academy of Management Journal* 上发表了多篇关于网络方面的论文，这一系列工作很大地推进了网络研究在整个组织与战略领域的合法化（Gulati, 1995, 1998, 1999, 2000）。以前我们在用网络概念去开展组织层面的研究时，往往详细说明网络概念的相关背景并论述清晰其特殊功效后，才能让人较好地接受网络对组织发挥重要作用这一视角，但是在他的系列工作之后，当我们再在这个领域展开研究时，就可以直接借用网络理论而不需要再说明背景。

最后谈谈社会网络与社会资本的异同性以及研究的局限性。社会网络和社会资本这两个概念基本上是相通的，社会资本简单来说就是嵌入社会网络中的资源，甚至还可以说社会网络本身也是一种资源，所以这两个是紧密相关甚至是等同的。不过，两者稍有语境差别，社会网络更多强调的是结构，社会资本更多强调的是两两之间的关系，如果某项研究侧重的议题是与结构没有直接关系的（例如联结的强弱、相互之间的信任等），那么最好不要用社会网络这个词。不过，这两个概念本质上没有太多区别。

关于社会网络与社会资本研究的局限性，一般可能存在于以下几个方面。第一，社会网络的一个先天不足是它的内容难以准确直接测量。网络中间到底流动的是什么？当然，大多数时候会说是信息，但还是有些过于笼统与一般性，所以社会网络的研究往往侧重于结构。第二，社会网络的研究通常是一种静态的研究，最多是静态比较的分析，研究网络时基本上都是集中于某一个时点，较难描绘网络的变化及其对网络内成员的影响。第三是因果模糊。很多研究通过统计分析看似得出的是因果关系，但事实上，这种研究只能得出相关关系，很难说是因果关系，当然，如果理论上能够论述反向的关系不存在，此时的相关关系才有可能被进一步类推为因果关系。网络研究的最大难题是很难辨析是某个人的社会地位提高使其网络质量提升的，还是反方向的关系，统计上的相关性只能说明网络与结果之间正反向关系均有可能。现实中，行为者较高的社会地位可以使其社会资本拥有量很大，但社会资本拥有量大令行为者很容易上升到一个比较高的地位这种情况也同样存在。因此，在研究时为了解决这个问题，必须要在理论上加强工作，从机理上辨析到底是哪种关系在起作用（当然，还有一种双向关系的可能）。第四是个体和总体之间的关系。个体的网络/社会资本和组织的网络/社会资本各是什么样的关系，是直接对应的关系？是后者等于前者简单加总的关系？前者如何转化为后者？等等。

五、组织间的信任研究

信任是一个和社会资本、社会网络紧密相关的概念，也是一个体现某种心理状态的概念。举个例子，男女双方领完结婚证、成家之后，这对夫妻之间会不会有信任？如果回答"会"，那可以进一步追问：双方手里的钱会不会毫无保留地交给另一方呢？如果此时的回答还是肯定的，那就意味着信任存在于双方之间。从此可以看出，信任意味着我们彼此之间不需要相互防备，如果仅仅一方是这样的，那这种关系是单向的。某一方动不动就检查对方的手机，就难存在很好的信任关系，即使领了结婚证也保证不了。结婚证这种正式的合同（契约）虽然可以保证双方在某种正式法律制度框架下彼此的利益，但是却不能保证有发自内心、主动替对方着想式的信任关系，因此，这种正式契约下的信任并不是真正的信任，它非常脆弱，事实上，它更对应于后文要讨论的交易费用理论中的交易关系下所存在的特定信任。

在上述信任的内涵中，要特别注意没有"防备"这个描述。真正的信任是指在没有任何防备情况下一方也不会有意做出对另一方不利的行为，甚至后者还会得到前者善意的对待，哪怕前者做对后者不利的事情会获益，即使前者知道后者是处于没有防备状态之中也是如此，这便是 Rousseau, et al. (1998) 对于信任的定义的核心要点。换句话说，一方是强者，另一方是弱者，强的一方明明知道另一方是弱者，也不会选择侵害另一方的利益。因此，这里并不是指没有能力伤害的意思，而是相信其不会这样做，就算是其伤害到另一方，后者也会觉得前者是无意的，这就叫做信任。

没有"防备"还可以用常见的"信任背摔"的游戏来比喻：如果背摔

台上的人很果断地后仰倒下，说明他倾向于信任站在他背后的人。Rousseau, et al.（1998）是这样具体定义信任的："信任是一种基于对他者意图或行为正向指盼的含有接纳脆弱性意愿的心理状态。"并认为广义的信任有三种形式：第一种是上面所说的依靠某种正式法律、规章制度等来持续的信任关系，这种并非真正意义上的信任，只是因为某种正式契约规定而不得不做的结果，双方相信一方如果不履行承诺的话，会受到契约的惩罚或遭到另一方的报复。这种信任可以称为"算计性信任（calculative trust）"或者"威慑性信任（deterrence-based trust）"。要么就是斤斤计较、清晰算计，总想随时偷袭对方；要么就是彼此威慑，让对方不敢随意妄为，例如"核威慑"就是这样的，拥有核武的双方都相信对方不会轻易对自己使用核武。第二种是个体由于彼此之间的个人社会联结（social tie）而形成的信任，例如亲属之间、熟人之间等，这便是我们前面所讨论的社会资本的核心内涵之一。这种信任是一种狭义的信任，是一种"真实的"信任。第三种是相对泛化的一种信任，举个例子，在路上向某个人问路，你会不会期待得到他的善意回应呢？如果期待，则意味着两人之间也有可能存在某种形式的信任。这种即使是陌生人之间也会存在的信任，显然不是源自正式契约关系，也不是源自双方紧密的社会联结，而可能是源自社会文化与制度环境因素，这种信任是一种"制度性信任（institutional trust）"，并非针对某个特定的个体，而是普遍存在的。Rousseau, et al.（1998）厘清了上述三种信任形式，详细探讨了相互之间的关系，是一篇关于组织信任的经典文献，对研究组织信任很有启发性。

Daniel J. McAllister 于 1995 年发表在 AMJ 上的文章也是研究信任问题的经典之作，引用率很高。他的贡献在于将（组织内）个体之间的信任分成了两种类型：基于认知的信任（cognition-based trust）和基于情感的信任（affect-based trust）。基于认知的信任是指某个人值得被信任的意思。例如某个老师在一个专业领域有着长期钻研，声名在外，于是当我们向其讨教该领域的问题时，就相信其可以很好地回答。可见，这种信任下谈论的是相信某个人有能力去完成一件事情，体现为一种对其能力、职务、资格或胜任力的信任，认为其一定会很职业化、专业性地做好某个事情，哪怕我们和这个人之间并没有什么特别的私人关系。基于情感的信任从字面上也很易理解，即通过情感建立起来的信任。什么是通过情感建立起来的信任呢？情感一定是通过长时间的密切互动形成的，信任依附于长期社会联结所产生的情感，事实上，这种信任本质上更接近于社会资本与社会网络中所讨论的信任。我们研究社会资本与社会网络问题，更多聚焦的是基于情感的信任而不是基于认知的信任。密切的、较长期的个体间社会联结生成了情感性的信任（例如家人与"熟人"之间的信任），有了基于情感的信任，就存在了一种共享式的关系，从而相互之间会畅所欲言，欢笑、哭泣都不回避彼此。McAllister 在理论概念分类基础之上，还给出了两种信任的测量量表，给后续研究提供了很好的基础。

1995 年 Gulati 在 AMJ 上发表的文章，专题研究了组织联盟关系中双方的熟悉能否孕育组织之间信任的问题，认为对于存在大量重复性交易、经常展开合作活动、互动比较紧密的组织联盟而言，其中的成员组织之间的信任比较容易建立，并对其中可能存在的信任类型进行了分析。

Akbar Zaheer、Bill McEvily 和 Vincenzo Perrone 这三位学者 1998 年在 *Organization Science* 上发表的文章也是关于组织信任的知名研究。他们认为不能将两个组织之间个体间的关系等同于组织之间的关系，两者不是一回事情，因此，也不能将两个组织之间个体间的信任简单等同于组织之间的信任，这是两个不同内涵的构念，有必要予以区分处理。他们在此基础之上给出了两种信任的测量量表，为相关研究提供了较大的启示。

六、交易费用理论及其与组织网络研究之间的争论

交易费用是研究组织间关系的主要理论之一，它是在质疑新古典经济

学基础上建立起来的。相当长的时间里，微观经济领域的主流理论是新古典经济学。新古典经济学的基本观点是什么呢？它推崇市场交易机制，既然是市场性交易，因此认为交易不是重复性的，都是一次性的买卖，交易双方均不需要建立长期稳定的非市场关系；它将企业简化为一个生产函数，但却只用一个"质点"代表企业，并不"打开"它，企业内部事实上是一个"黑箱"；市场呈现一种完全竞争的状态，企业数量众多，市场完全透明，信息充分流动，不费吹灰之力就可找到合适的交易者；交易双方不存在信息不对称现象，市场中没有欺诈或机会主义行为，交易在瞬间完成，不产生任何的费用。显然，新古典经济学的上述假定是一种理想状态，实际中的市场并不是这样的，比如消费者要买一个东西，但他并不清楚哪个企业的产品最合适，因此需要花费一定代价去了解，这个代价就是交易费用；再比如，一方要从另一方订货，要求对方先供货再付款，怕对方拿了钱不供货或是供货数量、质量不符合约定，双方需要花一定的精力和代价来达成一致，这个也是交易费用；如此等等。所以，组织和组织之间的交易往往存在着交易费用，当注意到这种交易费用并且使用理论框架来解释时，就开始形成了对新古典经济学的质疑与否定，这就是交易费用理论产生的大概理论逻辑与背景。

交易费用理论的源头来自1937年罗纳德·H. 科斯（Ronald H. Coase）发表的名为"企业的性质"的论文。在此文中，科斯侧重于回答的问题是：企业为什么会存在？企业与市场的边界在哪里？他认为企业存在的意义或性质就是为了节约交易费用。交易费用的存在使得企业的存在有了必要性。因为如果像新古典经济学所假设的那样，市场中的信息是充分与透明的，而且可以没有障碍地流动，那么所有的行为者直接在市场上完成交易活动就好了，不需要企业。但正是因为存在交易费用，而且在一些情况下交易费用还非常高，才有必要将这些活动整合在一个企业之中来节约交易费用。科斯认为企业和市场都是一种交易机制，并且是相互替代的，因此科斯的理论解决了市场和企业之间边界的问题。当交易费用比较低的时候,不需要企业,可以在市场中进行;当由于各种原因交易费用上升到一定程度,企业就出现了,企业和市场的边界也就随之出现了。所以市场和企业的边界受制于交易费用。而且在这个理论里,市场和企业的功能是一样的,都是为了节约交易费用、规制人们的交易活动,两个机制之间是相互替代而不是互补的关系。科斯凭借这一理论思想在1991年获得了诺贝尔经济学奖。

不过,这里我们拟重点结合奥利弗·威廉姆森(Oliver Williamson)的交易费用理论进行介绍并展开讨论。威廉姆森在科斯的理论观点基础上发展出了自己独特的理论体系,之所以重点介绍威廉姆森的理论体系,并不是说他的就一定比科斯的更好、更深刻,而是因为他的理论更具体化,许多内容与观点很容易操作化,而这一点又可以为以实证为主要内容的组织管理研究提供基础,因此组织管理研究领域反倒对威廉姆森的观点进行了较多的引用、检验及发展。值得说明的是,交易费用理论由于也是以市场、组织等制度要素为主要分析对象,因此也属于制度经济学的范畴,同时也可看作广义的制度理论的一部分。威廉姆森凭借其在交易费用理论方面所做的贡献也于2009年获得了诺贝尔经济学奖。

威廉姆森的思想在其1975年和1985年出版的两本著作(*Markets and Hierarchies*:*Analysis and Antitrust Implication* 和 *The Economic Institutions of Capitalism*:*Firms*,*Markets*,*Relational Contracting*)中有集中体现。威廉姆森是从两个方面来构造交易费用理论的。一方面是交易者的特征,威廉姆森认为交易者特征可以从两个角度来理解:一个是有限理性的假定,另一个是机会主义假定。前者是著名管理学家赫伯特·西蒙(Herbert Simon)(曾获1978年诺贝尔经济学奖)所强调的,而后者是此前经济分析中很少强调的,即认为人在交易中能占一点便宜就占一点便宜。机会主义是威廉姆森自己新增加进来的,也是威廉姆斯交易费用理论核心的、最富有自己特点的假定,如果没有机会主义假定的引入,威廉姆森的理论就建立不起来。但遗憾的是，恰恰是这个假定成为后人对他批评的焦点。这个假定确有其局限，被批评也属理论争论中的正常现象，正如前文讨论理论的特征时所说的，如果要构建一个新理论，应把先前理论核心观点予以否定，否则就难以提出新理论。在威廉姆森看来，交易者的特征是决定交易费用的一个重要因素，如果交易者没有机会主义，就不存在交易费用，而如果交易者都是完全理性的、所有东西都尽在掌握之中，也不存在交易费用。

威廉姆森认为交易这个概念本身可以从三个维度来衡量：第一个是资产专用性，第二个叫做不确定性，第三个为交易频率。这三个维度中，资产专用性是最为核心的维度，是体现威廉姆森眼里的交易的最具特色的指标。什么是资产专用性？举个例子，比如，一方向另一方订一批货，但后者需要投资相应的设备才能生产这批货物，而如果此投资下的设备生产出来的产品只有前者需要，没有其他销路，那么此时后者所投资的设备就和这次交易是绑定的，双方之间的交易就具有资产专用性的特征了。在人性的机会主义假定的情况下，如果设备具有一定的资产专用性，后者是不愿意进行投资的。为避免投资后对方毁诺，就需要对对方多做了解、调查，对其可靠性进行细致的考查，而这就增加了双方的交易费用。但这仍不足以完全防范住机会主义，当资产专用性很高时，双方之间就需要签订契约或合同，用正式的合同来规范彼此的行为，约束机会主义行为，从而降低交易费用。

第二个维度是不确定性，值得强调的是，这里的不确定性并不是组织所面对的外部环境的不确定性，而是由于交易双方的机会主义行为特征而引起的交易不确定性。不确定性越高，意味着交易活动越复杂，为了保证交易的正常进行，要进行诸多安排，从而造成交易费用也就越高。为了降低交易费用，双方之间需要签订契约来削弱不确定性。

第三个维度交易频率代表交易次数与频繁程度。双方交易频繁，也意味着交易较为复杂。为了保证双方不在交易中实施机会主义行为、遵守规则与承诺,那么频率越高,越需要签订正式的契约来规范彼此的行为,以降低交易费用。

进一步来看,当上述三个维度很高、交易复杂到一定程度,即使是签订了正式的、看似详细的契约,也无法有效消除机会主义行为,不能很好地降低交易费用,此时一个可取的做法便是将市场中的交易双方合并为一个组织,让交易变成组织内部活动,组织内部活动就替代了市场活动,从而交易费用得以有效降低。

以上便是威廉姆森交易费用理论的主要思想与观点。在这套理论中,"控制"是一个重要的隐含概念,由于交易中存在有限理性和机会主义,就需要对交易行为进行某种"控制",控制的主要形式便是契约(合同)。不过,契约是一种事前的控制,一般都在交易前签订,因此,属于事前控制而非事中或事后控制,也不属于过程控制。从降低交易费用、防范机会主义的作用来看,契约可以被视作一种常见的交易规制模式(governance mode)。在契约规制模式下,双方进行交易,但一方中途退出或违反了合同约定,要怎么办呢?先协调,如果协调不成,那就法庭上见,所以这是关于组织间(交易)关系的"冷冰冰"的控制机制的理论思维。

但是,关于组织之间关系的理论还有其他,例如社会网络和社会资本理论。在威廉姆森交易费用理论提出后,有学者对此进行了批驳。Sumantra Ghoshal 和 Peter Moran 1996 年在 AMR 上发表了一篇针对威廉姆森交易费用理论的论文,指出该理论对于管理实践"有害而无益(Bad for practice)",认为对交易中机会主义现象的强调,把商业精神都变成了机会主义思维下的零和博弈(不是正和博弈),似乎交易各方相互防范,只能有一个胜利者。此外,在威廉姆森的理论中只有两种交易规制模式——市场和契约,但后来又出现了市场和企业之间的中间地带形式,例如网络、企业联盟等,这些都是威廉姆森交易费用理论所无法解释的。

事实上,现实中的情况是丰富多彩的,我们可以想一想,按照威廉姆森的理论，似乎我们在交易中总是要面对随时被对方偷袭的情况，但交易对方真的有那么坏吗？Uzzi（1997）关于嵌入性联结的研究发现，纽约服装行业中的企业间交易行为主要是用嵌入性联结而不是契约规范的。嵌入性联结笼统地说就是社会网络关系、社会资本、信任等，他发现即使企业之间事前签订了正式契约，但也倾向于用非正式的信任关系来规范彼此的行为，即使是在发生了一些不符合契约规定的行为情况下也是如此。

需要指出的是，威廉姆森交易费用理论中也有信任，也强调信任是规制模式中的主要内容与方式，只不过这种信任事实上就是前文所说的"威慑性信任"或"算计性信任"，因为签订了正式契约而相信对方要按契约行事，否则便会受到契约的惩罚。

可见，除了契约的正式关系下的威慑性信任的规制，还可以通过非正式的社会联结来规制交易行为。后者构成了一种规制模式，一种带有情感性的、由双方长期互动与了解信任而奠定的（关系型）信任规制机制。这种规制机制是许多组织网络理论研究者所强调的一种新模式。

根据上述逻辑，在组织交易关系之间，就存在着两种常见的规制模式，从其主要机理来看，两者似乎是相冲突、相替代的。但是，后来也有学者（如Poppo and Zenger，2002）认为这两者之间可能不完全是替代关系，还可能是一种互补关系。另外，也有研究对威廉姆森交易费用理论进行了修正（Mayer and Argyres，2004），认为以前的交易费用理论往往认为契约对交易活动是起控制作用的，但是其研究发现签订契约的过程是一个学习的过程，是交易双方相互了解、相互协调的过程，在签订与执行契约的过程中，双方需要积极主动地沟通与磨合，契约代表了一种双方密切合作的"知识储存体"，这一研究很具启示性。

总之，交易费用理论是关于组织合作与交易关系的基础性分析理论，代表了一种重要的分析视角，有其重要的理论价值，也有着未来更进一步创新的空间。

第 4 章
组织与环境互动性分析视角

一、组织的环境特征及相关现象思考

组织当前面对的外部环境日益具有不确定性且瞬息万变,环境预测的准确性受到较大的挑战,甚至大家为了描述环境的特征,取了一个特用的词汇"乌卡"(VUCA),它是四个英文单词(volatility, uncertainty, complexity, ambiguity)首字母组合的发音直译。在传统理论认知里,就算是环境易变,也还可以一定程度上掌握其规律;就算是不确定性高,也还可以通过发生概率与可能性来预估;但复杂性牵扯面要稍大一些,需要考虑以前忽略的甚至无法融入的特征或变量,不过也还算是可以努力去做到;而模糊性的环境则是高度难以预测的,规律性、概率性、可能性都不是针对这种环境特征的描述词,想要进行模型拟合也经常感到无从下手,因为根本看不清楚到底是什么意思,可谓"老虎吃天,无从下口"。近几年来,人们甚至觉得仅仅用"乌卡"来描述环境特征仍不足够,又接纳了一个新词"巴尼"(BANI,即 brittleness, anxiety, non-linear, incomprehensibility),用来进一步强调当下环境动荡难解的综合特征。无论环境被描述为"乌卡"还是"巴尼",它都对研究者以及相应的理论工作提出了极高的要求与挑战。

本部分内容不是要着重分析环境是如何具体体现为"乌卡"或"巴尼"特征的,而是想说,组织要想发展、想要持续地良性发展,不去分析自己所处的外部环境是无法做到的,做"像鸵鸟一样把头埋在沙子里"对组织来说是不可取的。

因此,组织日益被视作一个开放性的系统,发展实际上是和环境"纠缠"在一起的。组织需要及时有效地感知环境的特征,还需要响应环境的诉求,需要和环境保持紧密的联动(如根据环境特点调整决策与行为模式)。组织研究不再像以前那样只关注内部活动、自身特征,那样远远不够,感知、响应环境,与环境联动,成为目前组织研究需要特别关注之处。

论及与环境关系的组织研究理论与视角有多种,例如前面介绍的组织网络与社会资本、交易费用理论、卡耐基学派,尤其是后来的组织学习理论,无不体现了较为明显的视组织为一个开放性系统的理念,以及重视组织与环境关系的分析思路。但是,这些分析虽然有助于理解组织是如何与环境互动或关联的,但仅涉及环境中的一部分内容。组织与环境互动关系可以通过不同的方面得以映射。例如,现在稍大一些的公司都建有自己的官方网站,如果有兴趣的话,可以去这些公司的官网看看。官网建设风格有所差别,突显的主题也各不相同,但如果仔细观察会发现近些年来许多公司,尤其是上了规模的知名公司,都会在其显著位置建有"社会责任"相关栏目与窗口,以突显对于"社会责任"的重视与强调(如环境保护、慈善捐款等)。

为什么组织现在都开始强调企业社会责任呢?显然不是偶然。这种现象背后的原因可能主要来自三个方面。一是这些活动本身就属企业外部环境中的重要事项,只有参与这些活动才能和环境保持密切互动与关联;二是外界环境中的各种利益相关者势必从组织对某项环境事务的应对态度与模式中,评判这个组织是否值得它们与之建立长久良性的合作关系;三是,或许是更重要的原因:当环境中的其他组织都投身于环境中的某类活动(例如"社会责任"活动)时,自己要不要做?做和不做各意味着什么?应如何看待这个问题?当然,还有一种更极端的情况,那便是要不要先于其他组织投身于这类活动呢?

近些年来有一个在实务界与学术界均受热捧的词语"ESG",E 是 environmental(环境),S 是 social(社会),G 是 governance(治理)。ESG 所强调的这三个方面构成了当前对于企业可持续发展与良性成长的一种新的系统评估角度及投资分析视角。从 ESG 可以看出,评价一个企业,重点不再是看其盈利能力,而是上述三个方面(均为非营利性维度)的综合体现。以上三个方面本质上都属于企业与环境发生互动的重要内容。可以说,将组织与环境紧密关联起来是理解组织行为及其模式的有效方式,从而组织和环境的互动与关系、社会责任表现等,均是重要的考量与评估内容,如果不从企业社会责任这个特定现象看待,而是一般性地理解相关的现象,可以说,组织的外部环境总体情况及其因素特征是当下情境中理解、评估、分析一个组织的重要方面,与环境的互动分析视角便就构成了组织研究的主要理论领域,也是目前组织理论最主要的关注所在之一。本章下面便是基于这种认识,重点介绍与探讨组织与环境互动关系研究视角中的新制度理论、资源依赖理论和组织生态学的基本要义。

二、新制度理论的基本要义

新制度理论是相对于旧制度理论来说的,旧制度理论代表人物是菲利普·塞尔兹尼克(Philip Selznick),聚焦点在组织内部,主要研究组织内部人们的行为习惯、角色特征等,考察的是这些行为习惯与角色特征在组织内部经历长期的固化从而最终制度化的现象。因此,旧制度理论很少涉及组织外部环境现象与问题。新制度理论则不同,它从旧制度理论的分析套路中跳了出来,考察组织面对的外部制度环境及其特征,思考制度环境如何作用于组织之上以及组织如何响应的问题。新制度理论由于重在分析组织与环境的互动关系及其机制,正好适用于前面所说的组织研究必须开始强调与环境的互动问题,从而迅速确立起了自己理论的"合法性",被视作一种"新的"制度分析理论,取代了旧制度理论,并成为当下主流的组织理论之一。

有两篇经典性文献直接奠定了新制度理论主要论点与基本框架的基础。第一个是 John W. Meyer 和 Brian Rowan 于 1977 年在 *American Journal of Sociology* 上发表的题为"制度化了的组织:正式结构作为神话与仪式"的文章。这个文章的题目事实上就已点出了文中(乃至新制度理论)的主要论点:一个是制度化(了)的组织。制度化的组织在新制度理论里面是一个非常重要的理论点,新制度理论里提到的组织一定是制度化的组织,因为组织身上都带有某些制度的"烙印",由制度"塑造",所以叫做制度化的组织(institutionalized organizations)。另一个是正式结构变成了一种神话和仪式性的东西。这又是何意呢?什么叫神话和仪式?作者的意思是,一个组织采取(不采取)某项管理措施/制度、建立(取缔)某个部门与机构,或者要做(不做)某个事情,和能不能直接带来效率没有关系,但人们通常以为组织是为了效率诉求而采取上述行为模式,并将此类"高超"的操作当作"神话故事"一样进行宣扬与推广。那么,组织为什么要这样做呢?这是因为它做这个事情可以减少环境中的不确定性对其带来的风险。

众所周知,环境是具有不确定性的,尤其是当下环境中不确定性日趋明显,许多组织无法掌握环境变动的走势,担心环境朝向不利于自己的方向发展、令它陷入被动的局面。于是在制度的压力下,会采取一些表面性的组织行为,构建一些象征性的机构或部门,开展一些"仪式性的遵从"(ceremonial conformity)活动,以期响应环境的要求,减少环境中的不确定性,建立自身的合法性。

按照上述逻辑延伸,组织之间会存在"趋同"(或"同构",isomorphism)现象,即组织需要和周围的组织看齐,比如其他组织都设立某类机构时,该组织就不能特立独行地不设立此机构。其他组织具有的显著特征,该组织也得具备，这是外部制度环境的要求。但是，设立这个机构真的可以让该组织提高盈利或效率？事实上不是的。该组织之所以这样做，只是为了和别的组织看齐，否则就不具合法性了，因此，这种行为仅仅是一种表面上的策略。但是，一个组织运作还必须注重内部效率问题，这是和竞争优势密切相关的事项，效率低下、机构臃肿、冗员太多的组织必然走向衰败，因此，提升内部效率是每个组织的日常工作。每个组织实情不同，提升效率的方法也必然千差万别，需要在内部采取一种符合自己实际情况的、有别于表面做法的措施。这种表里不一的现象被称为"脱耦（decoupling）"，即一种"松散耦合（loosely coupled）"，组织通过脱耦行为达到合法性与竞争优势的合二为一。如何更好地实施脱耦行为，当制度对组织形成压力时组织如何巧妙响应，是新制度理论视角的重要研究内容之一。近年来，将在同一系统中难以兼顾的合法性与竞争优势这一对需求整合到一起的"最优区分（optimal distinctiveness）"理论，开始受到特别的关注，对此不作详细介绍，感兴趣者可进一步阅读相关文献与资料。[①]

所以，对于 Meyer and Rowan（1977）来说，组织可以被视作制度的承载者，制度对组织施加了压力，迫使其产生了遵从的必要性与重要性。他们这篇论文是新制度理论的开山之作，直接奠定了该领域的研究基础。

第二篇重要的论文是 Paul J. DiMaggio 和 Walter W. Powell 1983 年发表的，题目叫"再论铁笼：组织场域中的制度趋同与集体理性"。这篇论文在 Meyer and Rowan（1977）之后，将制度与组织的互动研究推向新的高地，与前者共同成为新制度理论的奠基之作。DiMaggio and Powell（1983）的论文到底表达了哪些观点，使得它能够产生如此重要的影响呢？

Meyer and Rowan（1977）虽然强调了制度压力、趋同/同构等现象，但更多停留在抽象逻辑与笼统理论分析的层面上，而 DiMaggio and Powell（1983）则在分析的操作性方面更进一步，因而其引用率较前者更高一些。

---

① 可参考 Zhao et al.（2017）、Deephouse（1999）。

题目中之所以称呼"铁笼",是因为他们认为制度环境就像一个铁制的牢笼,无法打破、无法逃脱、始终强加在组织身上,既然如此,组织在这个笼中只能按照制度环境的要求表现出符合制度规则的行为特征。对于这一点,DiMaggio and Powell(1983)在文中清楚地指出,与传统的从组织异质性视角研究组织竞争优势的做法不同,他们的论文重在探讨组织的同质性,并将该点作为分析的出发点。

DiMaggio and Powell(1983)中有两点值得介绍与探讨——趋同(即同构,isomorphism)和组织场域(organizational fields)。

趋同性是指在一个场域里面组织相互之间的结构、行为都差不多、大同小异,从这一点来看就意味着新制度理论里的组织一定是一种制度化了的组织。他们具体将趋同分为三种类型:

一是强制性趋同(coercive isomorphism),即在法律法规的强制要求之下组织的行为及其模式越来越相似,例如政府部门制定了某项环保新政策,所有的组织都需遵从,都在该政策对应的标准上保持一致的行为,因此组织越来越像了。再比如上市公司必须要披露年报,以及要在年报中披露社会责任报告,这是正式制度的要求,所有上市公司无可选择,此即强制性的趋同。

二是规范性趋同(normative isomorphism),即在某个行业、领域或范围内,已有的惯例、行为规范等作用于组织之上而形成的趋同现象。比如说当下,没有取得博士学位,要到高校去当教师是很难的,未来职业发展也很受限制,从这一点上看高校这种组织越来越相似了。

三是模仿性趋同(mimetic isomorphism),即环境的不确定性、模糊性令组织无法独立判断问题所在,而只能向周围的其他组织看齐、模仿其行为的趋同现象。它既不是政府强制性要求,也不是行业的规范性要求,而是自发的。当然这是一种被迫的自发,虽没有人明确告诉组织必须怎样,但是它自己得选择追随这种趋势。

再来说说组织场域。从新制度理论的角度来说，研究都是放在组织场域里去分析的，否则是不能评估一个组织是否具有合法性的，因为合法性没有一个放之四海而皆准的标准。一个组织是不是具有合法性，一定是将组织置于一个特定的情境或背景中来看，而这个特定的情境或背景就是组织场域。组织场域是制度与组织交互活动展开的所在，是制度分析的基本单元。

综合来看，新制度理论认为环境就像"铁笼"一样罩在组织身上，对组织提出了一个强制性的压力，这种强制性压力迫使组织遵从环境的要求，不遵从就不能获得合法性，从而也无法生存。因此，组织为了生存，就必须被动遵循环境的要求以构建自身的合法性，这就是新制度理论的基本思想。根据新制度理论，组织需要绝对遵从制度环境的要求，所以制度环境下组织的行为是被动的结果，而且是百分之百的被动，其中没有任何能动性（agency）。如果将这一点推演开来，就可以认为，在一般的情境下，随着某种制度环境显性化，往往会浮现出一个"主流"，每个人都要跟着"主流"的趋势走，"随大流"将成为绝大多数人的选择，这种现象便是新制度理论所隐含的思想观点。

由于新制度理论从一个全新且独特的角度审视着组织与外部环境（制度因素）的互动关系，从而为组织如何响应环境要求提供建议，其分析的落脚在于组织层面，因此，新制度理论也被视作组织理论的重要构成内容，是当下主流的组织理论之一。

三、资源依赖理论的基本要义

新制度理论是组织和环境之间关系的理论，由 Jeffrey Pfeffer 和 Gerald Salancik 于 1978 年提出的资源依赖理论也是分析组织和环境之间关系的，不过，两者看问题的角度及分析出发点是不同的。

先设想这么几个问题：一个企业为什么会努力聘请某些人士加入其管理层？企业为什么要特别邀请某些特定人员成为企业顾问？企业为什么要和某些特定组织建立战略联盟关系？回答这些问题的角度可以有多个，例如运用新制度理论和社会网络与社会资本理论都可以提供解释。再想一下另一个问题：为什么有些大学努力构建或加入某个"联盟"，而且对此进行大力宣传？这个现象似乎用新制度理论不容易解释，因为这是这些大学自己主动的选择，而不是被动的决策，当然，这里面或许也包含了提升合法性的成分，但主动性更强。这种主动性的做法，通常可以称为战略性选择策略与行为（strategic choices/behaviors）。在组织研究领域，一提到战略性（strategic），一般都意味着这种行为是带有很强的主观色彩的，是主动选择甚至是主观操控的结果，一般它都和能动性（agency）等有着某种相通性。资源依赖理论就是这么一种组织主动选择并强调将"触角"介入外部环境中的理论，因此，从这一点来讲，它在视角上与新制度理论正好相反。

为什么要称作"资源依赖"？组织为什么需要主动介入外部环境去获取资源？这是因为，组织自己通常不能拥有、生产或控制所有与发展相关的资源，同时，组织是一个开放系统，客观上与其外部环境存在着资源依赖与互换的可能，为了生存发展，组织就需要加强与外界的互动，与其外部环境建立资源依赖关系。

不过，需要强调的是，尽管存在资源依赖关系、尽管需要强化与外界的联系，但资源依赖理论的落脚点与着眼点却是如何减少而非强化这种依赖性。怎样才能做到这一点呢？这就要靠上文中所说的主动性、战略性的策略，通过这些策略使得组织脱颖而出。例如，企业聘请某些人士担任外部董事来获得信息、提升声誉、改变形象、加强与相关者的沟通和联系等，或者，与某个合法性强的组织建立联盟关系，从而提升自身的合法性。

在与环境关联性方面，资源依赖理论与新制度理论有着某些相似性，例如，组织追求的目标都是为了生存，为了生存就得降低不确定性，但是，资源依赖理论认为不能完全受环境的束缚，需要自己进行精心的设计，自行构筑与环境的联系，搭建符合自身特征与需求的和外界相关者的关系，并且在这种关系中尽量提升自己的主动性地位，例如强化关系的不对称性等，从而提高掌控外界环境的能力。组织越遵从"主流"或"随大流"，越会受到外部环境的影响或制约，生存会越被动。在资源依赖理论看来，组织实践中的一些举措，例如和谁进行联盟、和谁进行并购、董事会如何构成等，都是组织主动、刻意的结果。

在资源依赖理论中，也存在着如何提升组织合法性的问题，合法性也是一个重要的理论分析点，只不过与新制度理论不同的是，其视野中的合法性是组织主动争取来的而非遵从环境压力而得来的，因此，提升合法性意味着必须提升自身的影响力、自由度、掌控性、自主性。

资源依赖理论由于其过于宏大的理论框架，有时候被人们视作更具宽泛指导性或"隐喻（metaphor）"特征的理论，不过，资源依赖理论并非不具实证操作性，相关研究也极具潜力（Casciaro and Piskorski, 2005），并被广泛引用，目前资源依赖理论显然已成为组织理论中的主流领域之一，感兴趣者可参阅 Hillman, Withers and Collins（2009）进一步了解。

虽然分别从主动性的资源依赖理论或者从被动性的新制度理论入手来研讨组织与环境的互动问题很有益处，但是，现实情况中组织的行为或许不见得全部都是主动性（或称为"战略性"）的，也不可能都是被动性的，而是两者皆有视环境而定，于是，在研究中将资源依赖理论与新制度理论整合到一起进行分析，或许能给我们带来更多的启示与价值。1991年Christine Oliver 在 AMR 发表的题为"制度过程的战略响应"的文章便是这种思维下的经典之作。Oliver 认为这两个理论各自都有道理，但如果能够整合起来，可以更好地解释更多的现实现象：组织被动接受环境要求的同时也会主动地选择，在完全被动与完全主动之间存在一系列的策略谱系，从而将两个理论进行了整合并构建起了一个新的理论体系，探讨组织在制度环境下的战略性响应问题。具体来说，Oliver 认为从极端的完全被动到另一个极端的完全主动，能动性依次增加，其中存在着五种响应性战略（strategy），在每种响应性战略之内，还存在着一些小的应对策略（tactic）。通过这个分析框架，她构建起了一种整合性的理论体系，将组织在制度环境下的各种响应可能性都列出来了，不仅在理论上将资源依赖理论和新制度理论打通了，在实践中也促进了对组织响应环境要求的理解。这种研究给我们的启示不止于此，在组织研究领域中，不同的理论甚至学科（例如社会学、经济学、心理学等），会针对同一问题给出不同的结论（或视角），有时候甚至是相反的结论，那么，我们该如何应对这种局面呢？如何判断谁的观点更合理呢？事实上，在管理实践中，并没有什么经济学的管理手段、社会学的管理手段或心理学的管理手段，只是我们在认识问题时为了分析的便利与简洁而将其进行了人为的区分。因此，将不同的理论打通、整合，是一条非常有益的思路。Oliver 整合新制度理论与资源依赖理论的工作带给我们的启示性极强。

四、组织生态学的基本要义

组织生态学与前两个理论一样，都是研究组织和环境之间关系的理论。顾名思义，组织生态学意指组织的生存需要一个生态。

拿航空母舰做个比喻。为什么全球只有几个国家有航空母舰？这不仅仅和军事与科学技术直接相关，更重要的还在于经济能力和经济基础，是一个国家综合实力的体现。比如一艘航空母舰拥有各类人员数千人，每天的饮食成本就非常高，光是维持运转就要花很多钱，必须要有足够资源作支撑。

再例如，为什么现在基本上看不到野生老虎，只能在动物园里看到人工饲养的了呢？这是因为，老虎处于生物链的顶端，支撑一只老虎生存下来，需要非常大的一片茂盛山林，而支撑一个虎群的繁衍理论上至少需要有一公一母两只老虎（实际要多于两只），这样，虎群繁衍所需的山林必须非常广阔。但这在目前生态环境下是很难实现的，所以野生老虎越来越难生存。而把生物学中的物种进化思想融合进组织生存发展研究，分析整个组织种群（或群落）而不是其中某个或某几个组织，研究一个产业或者一个区域兴衰的过程，就是组织生态学。

在组织生态学的视野里（Hannan and Freeman，1977；Hannan and Freeman，1989；Carroll and Hannan，1989a；Carroll and Delacroix，1982），组织是与环境存在紧密互动的，但是，环境所能提供的资源是有限的，只能支撑一定数量的组织的生存与发展（资源承载能力，carrying capacity），就如同虎群的例子一样。当环境中资源受限时，其中的组织必然会以不同的方式展开对资源的竞争，因此，理解组织生态学中组织生存与发展规律，需要和环境特征以及环境中资源数量相关联，而不是那么线性的关系。

比如在一个新兴的行业中，虽然慢慢出现很多组织，但是环境中的资源还能足够支撑这些组织的生存与发展，于是就吸引更多的组织加入这个行业，整个组织种群的合法性因此上升，此时组织种群就会表现出比较高的创建率（founding rate）。随着行业内组织数量不断增长，组织之间的（资源）竞争现象开始出现，组织创建率会逐渐下降，达到一个限度以后，如果组织数量再增加，那么其生存与发展所需要的资源就不足了，此时，新组织就很难创建，即使创建了也难以生存下来，许多组织开始死亡（瓦解），也就意味着组织创建率基本为零，随着组织种群的发展，行业内组织死亡率（mortality rate）开始上升。这就是组织种群演进的过程（Freeman，Carroll and Hannan，1983；Hannan and Freeman，1987；Hannan and Freeman，1988；Carroll and Hannan，1989a，1989b；Carroll and Delacroix，1982）。

组织生态学（Hannan and Freeman，1977；Freeman and Hannan，1983；Hannan and Freeman，1989；Carroll and Hannan，1989a，1989b）中研究的

组织种群，在实践或实证意义上主要体现为一个产业、区域的组织群体。在这些产业或区域内部，组织之间不仅仅因为资源争夺原因而存在着相互的竞争关系，而且种群之间也存在着竞争关系，对此组织生态学里用"生态位"（niche）来做专门的描述，认为每个组织种群都会对应着一个生态位，意指某个组织所处的种群的总体情况。与生态位相关的一个概念是"生态位宽度（niche width）"，它代表了环境中可供某个种群生存与发展所用的资源的总和，意味着环境资源对某种群的可承载情况以及其中组织的生存能力。生态位既可以用来分析某个种群内的不同组织，也可以用来分析不同种群之间的情况；对于前者，用来理解某个种群内组织之间生态位的重叠交叉程度；对于后者，用来分析不同组织种群之间生态位的重叠交叉程度。生态位分析有其具体的理论启示意义，例如，政府给辖区内教育部门进行财政拨款，那么各个教育单位之间就是竞争关系：财政资金是有限的，给了某个单位就不能给另一个单位了；但实际上，如果把这些钱投在教育上，社会保障领域的拨款可能就少了，因此在这些领域（教育、社会保障）之间也是竞争的，这就是种群之间的竞争。从这一点可以看出，竞争的结果就是种群密度（population density，指种群的规模或种群内组织的数量）在发生变化。如果一个行业里的组织太多了、太拥挤了，那么行业中的竞争会很激烈、很残酷，大浪淘沙，很多组织就会退出该行业。种群里的组织想要生存与发展，种群密度就不能太高。因此，种群密度同时也是构成了组织生态学中关键的理论构念与分析指标之一。

可以说，组织种群的密度和承载能力共同决定了种群的繁荣和衰退。在组织生态学的研究中，Stinchcombe（1965）提出的组织的新进入劣势（liabilitiy of newness）也是经常被讨论的问题。组织演进、变革、成长及发展是组织生态学的核心话题，而只要讨论这些话题，就都要关注组织的惯性（inertia）现象，因为这是限制组织演进与变化的重要因素之一。而在组织生态学看来，惯性是和组织年限（age）紧密相关的，组织年限越短，惯性就越小，从而组织的年限便也相应成为组织生态学中的重要研究因素（Hannan and Freeman，1984；Hannan and Freeman，1977；Hannan and Freeman，1989；Carroll and Hannan，1989a，1989b；Freeman，Carroll and Hannan，1983）。

种群整体也存在着合法性要求，所以合法性不仅仅是资源依赖理论里谈论的问题，在组织生态学中也讲究合法性。比如互联网行业，在行业刚兴起时有两三家企业，这时整个行业的合法性是较低的。随着企业数量慢慢增长，合法性越来越高，当行业发展到一定程度的时候，行业会变得很拥挤，有些企业就要退出了，死亡率在这时上升。组织生态学考察的是一个行业或者一个种群的合法性问题，合法性也决定了组织的繁荣和衰退，这就是组织生态学的大致逻辑脉络。

五、组织合法性

新制度理论有一个核心的概念叫（组织的）合法性。制度环境对组织产生了某种行为规范上的要求，为了从外界获得资源以支撑其生存与发展，组织只有在响应该要求基础上才能成为新制度理论中所说的建立了合法性的组织，也就是制度化了的组织。可见，寻求与构建合法性是组织本能的行为，是组织活动的关键目标之一。合法性也是资源依赖理论与组织生态学中的重要概念。

既然合法性这么重要，那究竟什么是合法性？如何全面深刻地理解呢？学者们对合法性的理解略有不同。Suchman（1995）关于合法性概念的界定目前被视作最为经典的解读。他认为，合法性是指在某种社会构建的规范、价值、信仰与规定的体系内，关于一个实体的行为是可取的、合宜的、恰当的笼统性感知或假定。说白了，合法性在于你的行为是否受大家期许，并视为很合适与正当。但是这种评判标准不是随意产生的，它源自一个很大的社会系统，我们每个社会行为者都身处其中，共同拥有着一些文化价值观与行为规范等，我们的行为要满足这些制度要素的要求。因此，每个社会行为者并非独立存在的，其行为都是"表演"给外部或社会受众（social audiences）看，由社会受众来根据社会通行的体系标准来评判，从而决定其合法性与否。比如说中国学校的课堂上，学生坐在桌子上是对老师的不尊重，这种行为缺乏合法性基础，但在西方就不见得有这种认识，中国师生之间的价值规范和西方不太一样。

所以，是否具有合法性，以及哪些行为合适，也是由所处环境中的价值观决定的，而不仅仅是行为本身的问题。简单来说，社会中有些规范对组织提出了要求，组织要想在这个社会中获取稀缺、重要资源，一定要获得外部各界的支持，以"特定的"行为来"谋取"合法性。比如对于上市公司来说，股民、证监会、基金公司、股评人等都算是社会受众，大家随时都在"盯"着各类上市公司，以迫使这些公司满足大众的规范要求，否则就会被称作不适宜的、不恰当的、不规范的、不正当的，也就是缺乏合法性的。

Suchman（1995）还提出了三种不同的合法性类型：①实用合法性（pragmatic legitimacy），指社会行为者在其直接、紧密相关的社会受众眼中行动的恰当性与正当性，是一种基于"行为者狭隘利益意义上"的合法性维度。②道德合法性（moral legitimacy），指用来考察某个行为是否在"泛道德意义上"或"泛正确价值导向下"应该去做的合法性维度。③认知合法性（cognitive legitimacy），指行为者根据自己对环境的解读以及对行为的理所当然性而评判行为适宜性的合法性维度。

Suchman（1995）在文中还详细讨论了合法性的管理策略，并认为管理过程中存在着三种具体的策略，分别为获取合法性（gaining legitimacy）、维持合法性（maintaining legitimacy）和修复合法性（repairing legitimacy），关于这些具体的策略建议可以细读其论文以获取进一步的理解。

Scott（1995：50）对于合法性的解读也经常被引用，他将制度定义为"是由监管的、规范的、文化认知的要素所构成的，并与相关联的活动与资源一起为社会生活提供稳定与意义"。在这个定义中，监管（regulative）、规范（normative）和文化认知（cultural-cognitive）要素被视作"制度"最为关键的成分，分别构成了制度的三大系统或"支柱"（pillar）。在 Scott（1995）的概念中，监管性支柱背后体现的是 DiMaggio and Powell（1983）的强制性（coercive）趋同机制，而规范性支柱背后体现的是规范性（normative）趋同机制，文化认知支柱背后反映的则是模仿性（mimetic）趋同机制。Scott（1995）进一步认为这三大支柱分别提供了组织合法性的基础。其中，组织通过满足法律法规等硬性规制从而获得监管合法性；组织通过符合道德规范以及行为标准等方面的要求从而获得规范合法性；组织通过自己对制度环境中理所当然的文化价值等的理解并予以遵从从而获得文化认知合法性。Scott（1995）对合法性的定义与分类与 Suchman（1995）给的定义构成了合法性研究的两个最为经典的解读。

　　除此之外，Suddaby, Bitektine and Haack（2017）曾撰文专门论述什么是"合法性"。他们认为，综合已有对于合法性的研究与界定，可以从三个角度来理解合法性：①合法性被视作一种资源与能力，他们称之为合法性的属性视角（legitimacy as property）。在此视角下，通常考察的是某个或某些社会行为者是否拥有合法性的问题，与此同时，合法性不仅仅是有无的概念，更是一个数量的概念，可以用多少来体现合法性的程度。②合法性被视作一种过程，他们称之为合法性的过程视角（legitimacy as process）。在此视角下，一般分析的是某个或某些社会行为者在构建合法性过程中的变革能动性问题。③合法性被视作一种社会性认知与评估，他们称之为合法性的认知视角（legitimacy as perception）。在此视角下，往往探讨的是某个或某些社会行为者在合法性评价方法方面的问题。

　　他们进一步指出，在合法性的属性视角下，同时还存在着一个反向的关联概念——非合法性（illegitimacy），并认为在理解该概念上目前尚有争议，因为它既可以被理解为程度性概念，也可以被看作两分型概念。对应于前者，非合法性是相对合法性而言的对立的程度性概念；对应于后者，非合法性与合法性构成了一对相反的状态。

尽管合法性在新制度理论、资源依赖理论、组织生态学中都是核心概念，但是在这三种理论中，合法性的内涵与解读角度各有不同。新制度理论强调的是被动性地遵从与表面性地趋同，这一点不再赘述。而在资源依赖理论视角中，考察的是组织能够主动介入并控制其外部环境的能力，当具备这种能力时，组织就被认为具有合法性，这种能力越强，合法性越高，此时合法性被看作组织的一种资源（Suchman，1995；Scott，1995）。这是资源依赖理论与新制度理论关于合法性方面的不同之处。而 Suchman（1995）就是将新制度理论的被动视角与资源依赖理论的战略性视角（所谓战略性，在组织理论中意指主动性与能动性）整合起来，共同来构建合法性概念以及合法性管理策略。

组织生态学中的合法性则具有特定意涵，当种群逐步成长时，其作为一个整体更容易获得外部的认可从而构建了种群的合法性，但由于不同种群之间是相互竞争资源的关系，随着自己种群内部组织的增加，资源需求上升，在这种情况下，它就不愿意别的种群拥有合法性从而能够与自己对等竞争。所以某个种群合法性高时，就不希望其他种群的合法性高，这就是组织生态学中的合法性关系。那么在新制度理论中，在一个行业里，比如说互联网行业中的某一个企业拥有了合法性，它是希望其他企业也构建起这种合法性的。为什么呢？因为需要制度扩散（institutional diffusion）。比如，某个组织得到某种认证，它就会希望别的组织也跟着去认证，因为大家都跟风也去认证才能说明该组织是优秀的，该组织肯定希望领域中所有的组织一起把做这件事情的合法性建立起来。在新制度理论中，一个领域中的组织相互之间不是竞争的关系，而是扩散、模仿的关系。但是在组织生态学中，组织之间一定是竞争的关系。组织生态学关注的是组织全体的合法性，而新制度理论关注的是某个组织的合法性以及制度扩散后整个领域中组织的合法性，两者的关注点是不一样的。

六、组织模仿机制与跨场域学习模仿

组织模仿行为与机制是新制度理论中的重要研究议题，主要源起于 DiMaggio and Powell（1983）对趋同现象中的模仿性趋同的描述。模仿性趋同是 DiMaggio and Powell（1983）所分析的三种趋同行为或机制中最具特色和最有启示性的一种，也是后来者经常引用与研究的一种趋同现象。在这种现象中，组织唯恐失败、唯恐自己被落下，于是就看周围其他组织做还是不做，做了就跟着，不做便放心了，就这样形成了模仿性趋同。

在日常生活中，这样的现象也不少见。例如，当我们看到身边很多人节假日都自驾远游时，虽然知道高速公路那几天会特别拥堵，而且也不愿意被堵在高速上，但仍然有许多人还是愿意驾车出行，原因何在？除去人们没有其他带薪假期只能节假日旅游、高速公路免通行费使得自驾出行成本降低等原因，另一个主要的原因便是模仿性趋同。长期以来，我们都能体会到环境中充满了不确定性，当某件事情突然出现，如果没有未雨绸缪、抢占先机，就很有可能与某波"风口"失之交臂。为了避免这种情况，便跟着周围人采取类似的行为，长期的结果就是无意识的模仿行为。再例如，飞机降落但还未停稳时，乘客们往往一个接一个地站起来、挤在机舱过道上，这应该也算是一种模仿性趋同现象。

所以模仿趋同背后的重要原因是环境的不确定性，不确定性使得组织选择模仿其他组织。但实际上，根据新制度理论，组织也不是不作区别地模仿其他组织，它只模仿比较成功、有影响力、规模较大的，因为它认为这些组织有能力获取较多的信息，对未来趋势的判断较为准确，可以有效地降低不确定性。事实上，被模仿的都是那些合法性比较高的组织。所以，当一个被认为合法性高的企业（如行业龙头）开展了某项创新性管理实践，这种管理实践就会很快地被其他企业所模仿，该企业如果在内部推行质量管理 ISO 9000 体系，其他企业也就跟着推行 ISO 9000 体系。有的商学院认证了 AACSB，其他商学院也会跟着去做。这种模仿性的行为很像是 Meyer and Rowan（1977）所说的那种仪式性遵从。当组织的模仿行为在整个组织场域中发生时，所模仿并推行的新做法（制度）便形成了扩散现象，从而带动了制度变迁（institutional change）。

上述只是关于模仿机制的新制度理论的解释，也是组织理论经常去分析的视角。Lieberman and Asaba（2006）在此之上进行了拓展，他们关于模仿机制的探讨是该领域的经典之作。该文将模仿分为基于信息的模仿和基于竞争互动的模仿，前者包括了经济学理论中的模仿研究以及组织理论中的模仿。组织理论中的模仿研究除了上文新制度理论中的模仿机制之外，如何向其他组织学习（可以理解为一种选择性模仿、模仿性学习）也是一个重要的研究领域，可参考前文关于组织学习理论的分析与论述，此处不再赘述。下面结合组织研究特征、组织理论领域间的脉络以及组织模仿行为，着重探讨笔者根据实践现象对相关理论进行整合、衔接与关联后，提炼出来的一种新的组织学习模仿机制——跨场域的学习模仿。

跨场域的学习模仿很早就朦胧浮现于笔者脑海之中了，虽然新制度理论认为的既定场域（如行业等）内的模仿令人印象深刻，组织学习理论所讨论的向非特定场域内的学习模仿亦让人颇感精妙，但都有未尽之处：前者往往使组织无法跳脱既定视野，哪怕是像场域这种已较为宏大的视野；后者不易于厘清学习的对象框定标准与条件。如果将两者进行有机整合，似更为有益于启示组织实践，于是"跨场域"学习模仿的想法便萌生出来。直到笔者体验了"臊子面流水席"并深刻感悟到其中的创新之妙时，才忽然触类旁通地与"跨场域"概念关联起来，认识到其中的精妙。

陕西人好面食，臊子面便是一种深受喜爱的地方名特小吃。"臊子"的功能类似于"卤"或"炸酱"，是将小肉丁添加多种佐料加工制作而成。手工制作的面条盛于大碗之中，放入臊子和提前准备好的木耳、黄花菜、胡萝卜、豆腐等配菜，再撒些零碎的韭菜叶，最后浇上美味的汤汁，一碗色彩饱满、酸香四溢的臊子面便做好了。

臊子面通常用大碗来盛，食客吃上一大碗，有酣畅淋漓之感。也有餐馆为了让食客留着肚子品尝其他风味，推出了小碗盛装的臊子面，并美其名曰"一口香"，颇有意境。

笔者听闻一家面馆专门经营臊子面流水席，生意甚为火爆。受好奇心的驱使，决定前往品尝一番。到后发现，此家流水席并非传统思维里的那种流水席，堪称创新之处并不在于臊子面的制作手法和口味，而在于它用类似寿司店旋转餐台的方式上餐。面食盛于一个个精致的小碗中，分多种口味，食客围坐于餐台旁，自助选取流动传输的面食。既形式新颖，又提供了多样性的口味，更适合不同饭量的食客。这种经营服务方式并非改变了食物本身，而是一种组织方式的创新。品尝之余深为感慨，当时脑子里就浮现出来两个字——跨界。

跨界是时下流行的一个词，意指将难以直接关联在一起的事物创新性地联系或融合在一起。与跨界类似的一个词是"混搭"，即将看似不和谐的元素有机地整合起来，达到感观上的冲击效果，算是当今一种时尚。

跨界是一种创新的行为，缺乏想象力是很难跨界的。企业如果缺乏想象力，可能是过于聚焦自己的既定领域、周围环境了。企业在组织学习过程中，往往会受限于自己熟知的路径，从而视线受阻，因此，从哪里学习以进行创新便成了企业进行组织学习的重要问题之一。

企业通常的做法是向同行学习，但总觉得这还不够，于是不同行业、不同区域的企业也会成为学习对象。向不同行业、不同区域企业学习似乎是跨界学习的默认思维，但其实这仍属于一种机械式的思路。在现实的运营中，企业存在于一个隐含的运作与互动圈，圈里不仅包括了同行业、同区域、同规模、同类型的企业，也涵盖了不同特征与类型的企业，它们共同构成了一个系统，在其中互动，这种互动性系统可以对应于制度理论中常用的一个词——场域[①]。场域是企业所处的一种有形与无形的互动性环境。企业长期沉醉于所属场域之中，往往一叶障目，缺乏对场域（互动性系统）之外的关注，这种学习局限往往被忽视。在此，可以借用新制度理论的"场域"概念，构建并提出一个企业有效提升组织学习与创新的新概念——跨场域学习（事实上这种概念构造本身便是一种"跨场域"的体现）。高境界的"跨界"学习应该是一种跨场域的学习，即将视野投放到场域之外的企业，从而给自身带来不一样的新内容。

上面所说的臊子面流水席，事实上便是一种跨场域学习与创新的结果。臊子面馆所在的互动性系统中往往还有其他臊子面馆和包子店、粥店等地方风味餐馆，这些构成了一个场域。如果只将学习的焦点及创新的落脚点放在这个场域中，强调"近水楼台先得月"时，可能就不太容易产生上述令人耳目一新的流水席形式。而将学习的范围扩大至场域之外，模仿学习（即使对企业而言不是那么根本性的变革）却往往会产生让人意想不到、"脑洞大开"式的创新。

可见，企业的成长，不仅仅在善于学习与创新本身，还在于跨界学习与创新，更在于如何认识自己所处的"界"。对"界"的理解与认识不同，产生的结果往往会不一样。"界"有无形与有形之分，"跨界"往往被机械地视作跨越有形的行业、区域等，而无形的跨界学习与创新却经常被忽略。跨出自己熟知的无形的互动性系统，进行跨场域学习，对企业来说是一种更大的超越。

互联网行业中的许多微创新，表面上看起来不像是根本性的创新，但却很有冲击力，这颇令人费解。在笔者个人看来，这种微创新往往就是将不同

[①] 关于场域的具体内涵，可以参见第5章。

场域中的元素加以连接或混合,从而产生了意想不到的效果。

企业的组织学习往往有盲点、惯性和视野的局限,因此,既要向后看,又需往前看,既要横向看,又要立体看,跨场域学习对此或许可以提供某种启示,精巧地使企业的创新达到"众里寻他千百度。蓦然回首,那人却在,灯火阑珊处"的境界与效果。

第5章
组织理论的新兴概念

本章将重点介绍与探讨组织理论中的一些新兴概念。值得说明的是，"新兴"并非意味着这些概念是近些年才被提出来的（事实上，其中的大部分很早就被提出来了），而是指随着组织发展情境的变化，这些概念的理论内涵在实践中日益突出，借助这些理论概念可以更好地对实践进行解读与分析。

一、组织场域与制度逻辑

1. 组织场域

早在 DiMaggio and Powell（1983）中就已给出了组织场域的初定义，它是指"总体上构建了一种可被识别的制度生活的那些组织：关键供应商、资源与产品消费者、管制机构以及生产类似服务或产品的其他组织"。需要指出的是，组织场域远远超过"网络"或是"区域"的概念，它不仅包括了相互竞争的企业或类似的组织，凡是相关的、遥相互动的各类行为者都包括在其中，比如媒体、监管机构等，呈现出由组织及其各类受众（social audiences）构成的总体图景。

此外，Scott（1995：56）也曾给出过一个关于组织场域的经典定义，即组织场域是指一种组织社群，在该社群中，组织构筑了一个有着共同含意的系统，系统内成员与同一系统其他成员的互动相对其与系统外组织而言，不可避免地更频繁。从 Scott（1995）的定义中可以看出，组织场域是一种有着共同意义的系统，在这个系统里，各类参与者相互之间是经常互动的，互相影响着其他参与者的命运，绑定在一起形成了一种"生态"。

至于场域的分类，则并无一定之规，在具体的研究操作中，往往视一个行业为一个组织场域，例如制造业便可看作一个场域。但是，正如上文所述，组织场域的内涵比行业更大。例如，互联网领域算是一个场域，但这里的"场域"并无非常明确的对应行业，只是一个相对笼统的行业分类而非标准行业分类。

对于某个组织来说，可归类于不同场域，并非只有一种，但到底有多少种以及如何具体归属，则各不相同。一个重要的思路是与其潜在多元的组织身份相对应，不同的组织身份可能会对应不同的组织场域。

场域是制度分析的基本单元与层次，任何制度理论中的研究都显性或隐性地根植于某个场域中的问题所展开，不仅新制度理论的分析是基于场域的视野来操作的，当下新兴的制度逻辑研究也是围绕着场域中的现象而实施的，因此，对于组织层面上的制度研究工作，有必要对场域的概念与内涵有个深刻的理解。

2. 从新制度理论到制度逻辑视角

Meyer and Rowan（1977）和 DiMaggio and Powell（1983）奠定新制度理论基础时，其主旨思想是制度对组织形成了一种"压倒性"力量（压力），迫使组织被动甚至无条件接受或遵从制度环境的要求，此时组织为了在这种环境中求得生存，其主要行为动机便是寻求合法性，在此过程中可能会表现出强制性趋同、规范性趋同和模仿性趋同行为。组织是没有能动性（agency）这个概念的，只能被动遵从。这个理论框架中的组织永远无力进行自主选择、组织的主观能动性与战略性决策力是完全缺失的。因而，新制度理论虽然也可以用来分析与解释制度演进、变化与变革的现象，但只限于解释组织出于合法性诉求而作出的被动的制度趋同与扩散行为，至于制度变革是如何源起与兴起的则难以洞察。事实上，Oliver（1991）对此理论不足已有清楚的认识，她尝试将资源依赖理论（Pfeffer and Salancik，1978）融合到新制度理论的分析中，在组织被动遵从制度要求的同时，让组织具有一定的能动性与战略性决策能力，并提出了从完全被动接受制度压力到完全自主操控的一系列组织响应策略，但遗憾的是，这种分析思维与解决问题的方法仍然是在制度单一性框架下展开的。

进一步来看，在新制度理论视角下，制度特征与诉求是单一的，对组织的趋同压力是清晰的，似乎制度环境中的组织外部受众是相同的，这显然与组织外部利益相关者的异质性以及社会受众关注点的多元性不相符合，因此，新制度理论在成为组织研究理论重要基础的同时，也使得人们对它所带有的局限性提出了质疑，这种质疑的一个主要理论脉络便逐步形成了制度逻辑视角（Thornton，Ocasio and Lounsbury，2012；Friedland and Alford，1991；Thornton and Ocasio，2008）。

Friedland and Alford（1991）认为，制度环境中往往存在着一些典型的、主要的制度秩序（institutional order），每个制度秩序中都隐含着特定的制度逻辑，这些制度逻辑分别以及交互对组织产生作用与影响，这便是制度逻辑理论的重要源起。Friedland and Alford（1991）进一步把西方社会概念化为制度化的体系，而这个体系大致是由五个方面的内容构成：资本主义市场（capitalist market）、官僚制国家（bureaucratic state）、民主（democracy）、小家庭/核心家庭（nuclear family）、基督教（Christian religion），这五个方面所包含的典型的制度逻辑被视作制度环境中组织行为的重要依据与使能（或限制）力量。

Thorton，Ocasio and Lounsbury（2012）在 Friedland and Alford（1991）基础之上，对制度逻辑视角进行了显著的完善与系统化构建，并对 Friedland and Alford（1991）所提出的五种主要的制度秩序进行了重新研讨，最终融合性地给出了七种典型类型（ideal types），即家庭（family）、社群（community）、宗教（religion）、国家（state）、市场（market）、职业/专业

(profession) 和公司 (corporation), 认为这些是构成组织在制度环境中运作的主要制度影响力量, 也是进行实证研究可以参考或展开的基本类型。

3. 理解制度逻辑的主要内涵

究竟该如何理解制度逻辑呢？首先我们需要从其概念界定或定义来看。Friedland and Alford (1991: 248) 认为制度逻辑是"一套物质实践与符号性建构, 它构造了制度秩序的运行原则并可供组织与个体思考（如何面对）"。Thornton, Ocasio and Lounsbury (2012: 51) 认为制度逻辑可被界定为"由社会构建的、历史（沿承）的文化符号与物质实践、假定、价值观、信念等的模式, 以使个体生产或再生产其物质生活、组织其时间与空间、为其日常活动给赋含意"。这一定义与 Thornton and Ocasio (1999) 给制度逻辑的定义没有明显的不同。从这些制度逻辑的经典定义来看, 简单地说, 制度逻辑代表了行为者（个体或组织）实施某些行为的模式、风格、特征、价值观或通行方式与方法, 反映了其能动性与利益所在点 (Thornton and Ocasio, 2008), 既对行为者的行为进行约束, 也对其行为进行促进, 存在着限制与使能的双向潜能。

制度逻辑引申对应的是制度多元性 (institutional pluralism) (Kraatz and Block, 2008)。在新制度理论视野里, 制度是单一的, 但在制度逻辑视野下, 制度不再是单一的了, 而是呈现出了多种制度秩序及其中附含的各具特点的逻辑。例如 Thornton, Ocasio and Lounsbury (2012) 和 Friedland and Alford (1991) 所描述的那几种典型类型, 事实上, 在现实生活中, 又可在此基础上衍化出更多的具体逻辑来。可以说, 在现实生活中, 制度单一是少数情况, 而制度多元则是更为常见的情况。

制度逻辑是理解制度变迁、制度创业的关键概念。在新制度理论视野下, 尽管存在制度扩散及其相应的制度变迁机制, 但这是一种被动遵从、追求合法性、带有制度同构特征的扩散与变迁, 而对于新制度的源起力量、如何促发则难以有效解释, 而这一点却可以在制度逻辑视野下得以较好地解决。制度逻辑视野强调多元性，不同的逻辑力量组合及其变动，往往预示着不同的发展机会，从而使得某些制度创业者在其中发现有利的机会，发起构建新制度的努力，通过改变所处场域中的力量对比或逻辑特征等，推动制度的变迁。在这个过程中，个体或组织不再是被动的无主观能动性的行为者了，恰恰相反，主观能动性在其中扮演着关键的角色，从而体现了制度逻辑理论在分析框架上对新制度理论的超越。

制度逻辑是透视某些复杂、困惑的组织现象的有效窗口。谈及制度逻辑，就意味着制度的多元性，如果不存在多元性，就和制度单一情境没有本质的区别。更进一步，当我们谈起制度多元性时，就等同于谈论制度的冲突性与抵触性，因为如果没有这种冲突性与抵触性，所有的制度逻辑都相容从而相似，那么就不存在制度多元性了。研究制度逻辑常常会关注于某些带有不同操作诉求的特定组织情境。例如关于社会企业的研究，社会企业始终存在着如何平衡与应对商业性与社会性这两种互相冲突、难以兼容的逻辑。再例如，某些专业类型的组织如何在专业性与商业性之间进行平衡与应对等。此外，制度逻辑视角下经常会探讨的一个现象便是多种制度逻辑之间的冲突性与抵触性，即制度复杂性（Greenwood, et al., 2011）。制度复杂性对组织如何应对制度环境提出了较高的要求，因为组织需要同时满足来自不同的且难以调和到一起的多个制度的要求，单纯满足其中之一是无法保证组织有效发展的。制度复杂性是制度理论分析组织问题的最新议题之一，许多方面都有待深入探索，对于这方面的研究现状及可能的研究趋势，Greenwood et al.（2011）曾给出一个经典框架。该框架指出，制度多元性导致制度复杂性，继而引出组织对环境的响应问题，而场域结构（例如碎片化情况、集中性等）及组织特征（例如在场域中的位置、治理结构、组织身份等）在这个过程中发挥着特别的调节作用。目前，关于制度复杂性的研究以质性方法为主，不过，也有少量的定量研究，例如 Greenwood, et al.（2010）和 Pahnke, Katila and Eisenhardt（2015）便是这方面的典型研究。Greenwood, et al.（2010）通过对西班牙企业的定量实证研究，检证了国家逻辑、家庭逻辑和市场逻辑对于企业响应制度诉求的机制问题。Pahnke, Katila and Eisenhardt（2015）的定量实证研究显示，不同类型资金提供者由于拥有不同的制度逻辑，会侧重于其所投资的新创企业不同的创新类型，风投机构秉承的是专业性逻辑，公司创业资本持有的是公司逻辑，政府机构带有国家逻辑，从而决定了与不同类型的资金提供者建立关系的新创企业的创业导向有所不同。相对来说，未来关于制度复杂性的研究仍有待于对定量研究的进一步强调与加强。

二、混合型组织与社会企业

1. 社会企业的最初原型

2006年，诺贝尔和平奖颁给了孟加拉国经济学家穆罕默德·尤努斯（Muhammad Yunus）及其所创办的格莱珉银行（Grameen Bank）。有人或许会觉得很奇怪，为什么一个经济学家获得的是和平奖？这是因为尤努斯通过自己对社会问题的关注以及格莱珉银行提供的独特服务，为当地的脱贫与社会发展做出了杰出的贡献。

最早尤努斯关注到该国底层妇女每天从事辛苦的劳作，却收入微薄，且缺乏扩大生产或进一步发展的资金获取通道，因为当地传统银行往往对于缺乏抵押物、处于底层的贫困人群没有太多的放款意愿。人们常常开玩笑说传统的银行"嫌贫爱富"，从纯商业经营角度来说，这无可厚非，但尤努斯的悲悯之心被触发，觉得有必要为这类人群做点什么。于是，他创建了格莱珉银行（格莱珉银行在孟加拉语中的本意是指乡村银行），专事为当地穷人，尤其是社会底层妇女提供小微金融与小额贷款服务，帮助她们进行小微创业，以提升其经济与社会地位，进而造福于背后的家庭。显然，该银行创立理念中便呈现出了强烈的社会使命感与清晰的社会发展目标。

格莱珉银行通过设计合理的信贷利率与放贷模式,让社会底层妇女可以便利地获得(小额)贷款,从而为解决她们的贫困问题做出一定程度的贡献。该银行运用商业运营思维创造经济收益,却不是以经济收益为最终目标,而是通过这种方式来维持运营以实现帮助穷人摆脱贫困的社会性目标,创造性地构建出了一种独特的组织运作模式。尤努斯与格莱珉银行因出色的社会贡献及超出预期的模式创新,获得了诺贝尔和平奖而不是经济学奖,也正好说明他的工作并不是为了获取经济回报,而是在于社会发展。小额贷款银行独特的运作模式被证明有效后,受到了亚非拉发展中国家的广泛重视,借鉴应用于多种社会发展与贫困削减工作中,甚至也被西方发达国家用来改善社会发展现状。这里不拟过多去谈论尤努斯为什么获得诺贝尔和平奖,而是围绕其设立的小额信贷组织背后特有的运作模式来讨论相关的管理研究与管理实践,因为这种运作模式开辟了一个创新性的组织类型,即下面要重点讨论的社会企业(social enterprise)。

我们通常认为组织可分为两种类型:营利性组织(企业)和非营利性组织(如高校、政府、研究机构、社会团体、慈善机构等)。但这种分类方法较为简单,有时会让我们忽略实践中真实存在的一种组织类型,该类组织既不完全算作营利性组织,也不完全被视作非营利性组织,或者说,它既具有营利性组织的特征,又有非营利性组织的特征。正如在传统视野中,谈及市场与组织各自的边界及相互之间的关系时,总是以一种非此即彼、非黑即白的简单二分法来思考问题,这样就难以考虑到两者之间还存在组织网络等中间形式。现实中,既有营利性特征、又有非营利性特征的这种特殊类型的组织通常被称为社会企业。对于社会企业而言,身上同时存在着两种完全不同的运营思维:既追求财务性(或商业性)目标,也承担社会性使命,是一种通过商业化运营模式来为实现社会性使命服务的组织(Pache and Santos,2013;Battilana and Lee,2014)。

2. 混合型组织：多重制度逻辑要求下的组织模式

再进一步来看，如果不具象化组织运作中的商业性与社会性这两种完全不同的思维，只是考察组织运作中存在着的各种不同思路甚至相互冲突、不相兼容的思维，那么，我们通常称这种组织为混合组织（hybrid organization）（Battilana and Dorado, 2010; Pache and Santos, 2013; Battilana and Lee, 2014）。

谈论并深刻理解混合型组织，必然要提到制度逻辑概念及其理论视角。制度逻辑被认为是组织需要特别去响应的一套社会制度规则与要求（Thornton, Ocasio and Lounsbury, 2012）。例如，要办好一所大学，需要特别强调其教书育人的做法，这种做法事实上对应的便是教书育人的逻辑（理念），大学的运作应围绕满足这种逻辑要求而展开。但现实中，组织运作所面对的制度环境并非这么简单，往往存在着诸多不一样的逻辑，即多元逻辑现象（Kraatz and Block, 2008）。更进一步来看，逻辑既然是多元性的，就往往意味着它们相互之间可能存在着某种冲突性或非兼容性，即制度复杂性（Greenwood et al., 2011）。例如，也有人认为，研究型大学还得具备较高的学术科研能力，这种学术科研逻辑便是另一种制度要求的体现，与教书育人逻辑构成了一对并存的制度逻辑，这两种逻辑虽然存在一定的互补性，但往往也会因资源竞争而存在冲突与"紧张关系"（tension），于是呈现出了一种制度复杂性的特征。

例如，Kodeih and Greenwood（2014）是一篇对法国商学院进行的案例研究，探讨了面对制度复杂性的时候，法国商学院会有什么样的行动特征。该研究指出，法国商学院面对两种不一样的制度逻辑：一种是"法国高等商学院系统"逻辑，它倾向于以教学为导向，在研究与教学中强调实践引领性或与实践的结合性，侧重学生的职业技能培养，重视校地之间的互动，在评价教师时以其出版的著作为标准。另一种是"国际商学院"逻辑（与美国的许多研究型大学商学院的逻辑要求相似），它倾向于以学术为导向，以在同行评议性学术期刊上发表的理论性论文为标准来评价教师的水平与能力。面对这种制度复杂性，在现实操作中，不同的商学院或许会倾向于不同的逻辑，除此之外，这一研究还有另一个重要的发现：不同身份特征的商学院，其响应对策是不同的。从所怀抱负角度来看，对未来的身份有更高的追求与预期、对现有绩效明显不满足的商学院，往往视新的制度因素为机会而不是威胁，愿意进行更根本性的变革；而仅满足于保持现状的商学院，态度则与此相反。从所处层次地位来看，地位高的商学院倾向于仅对其现有做法进行浅层调整以响应制度复杂性，但是地位低的商学院则更愿意进行彻底的变革，以期抓住环境中的机遇来扭转自己的劣势，从而缩小自己与地位高的商学院之间的差距。

事实上，制度逻辑冲突早在新制度理论提出之时就已被重点讨论了，例如 Meyer and Rowan（1977）提出脱耦这一概念时，就指出组织面临两种不兼容的逻辑要求（合法性逻辑与效率逻辑），为了同时满足这两种要求，组织便会在表面上实施一系列合法性策略而在内部却以追求效率逻辑为内核，从而产生了脱耦现象。

从上述研究以及其他关于制度逻辑的研究来看，面对一种以上不相容的制度逻辑（或制度复杂性）时，组织采取的行动是多种多样的，甚至可以主要满足一种逻辑要求而不重点关切另一种。日常生活中并不乏这种制度多元的情况，例如，生物医药公司的多重制度逻辑诉求（Pache and Santos，2010）、乐团中的专业发展与经济效益之争（Glynn，2000），以及现实中普遍存在的医院的医疗服务与经济效益之争、学校的教学科研专业发展与经济效益之争等。这种现象在许多社会发展及学术科研等机构中较为常见（Battilana and Lee，2014）。另外，公司在产品设计与创新的不同思路间的平衡也带有这种逻辑冲突的味道，例如，意大利 Alessi 品牌家用品对于工业与艺术之间的平衡追求与混搭（Dalpiaz, Rindova and Ravasi，2016）。但是，当一个组织在其发展过程中始终需要面对两种相冲突的逻辑时，而且必须在其内部进行平衡、不能"厚此薄彼"之时，这种组织本质上就可以视作混合型组织，因此，混合型组织可以在机理上被看作制度复杂性下一种特殊的组织现象（Battilana and Dorado，2010；Pache and Santos，2013；Battilana and Lee，2014）。在中国，某些类型的国有企业本身就带有一定的社会属性，在一定程度上也可作为特殊的混合型组织进行研究。

3. 社会企业：一种特殊而又典型的混合型组织

在混合型组织中，有一类特殊的组织形式，即社会企业。尽管尤努斯很早就创建了社会企业的最初实践模型，但从理论机理上来看，社会企业本质上属于一种通过商业化运营（依靠经济收益）来支撑履行社会使命的混合型组织（Pache and Santos，2013；Battilana and Lee，2014）。

因此，在研究混合型组织时，往往将社会企业视作理想的实例类型与典型代表（Battilana and Lee，2014；Besharov and Smith，2014），之所以如此，是因为社会企业可以为理论抽象性的逻辑多元性与冲突性提供具体而又形象的研究场景。在该类企业内部，商业性（财务收益能力）与慈善性（社会影响能力）是始终共存的，即只要被称为社会企业，那它就永远在平衡内部这两方面的发展导向，这种研究本身就比普通组织单一的逻辑现象更有趣。社会企业可以被界定为以商业运营来支撑实现社会目标的组织，而不是对应通过实施社会使命来寻求经济回报的实践，因此，当发展失衡、贫困、就业、生态破坏等问题而非单纯GDP增长成为当下的重要关切时（Dacin，Dacin and Tracey，2011），通过巧妙的业务模式设计（Santos，Pache and Birkholz，2015）来筹措资源、获取商业利益以反哺社会的社会企业尤显重要。社会企业内部始终存在着商业性与公益性的两种逻辑追求，这两种逻辑在某种程度上不仅有差别，而且像是截然不同的"两端"，这种情况与一般性的逻辑冲突与紧张关系相比显然更富挑战性，如果能够实现对这种组织的有效管理，那么其他冲突性一般的组织管理起来就会容易许多了。

社会企业也不同于我们通常意义上的企业，这种"企业"运营中要同时考量两个方面的工作目标，既要实现经济性，也要保持社会性，偏重了任何一个，都是无法成功的，这是其非常独特之处。有人或许认为，只要社会企业体现出经济性即可，事实上，如果仅仅有经济性而没有社会性（或者社会性不突出了），就和一般意义上的企业基本等同了，就偏离了创建的基础与发展的目标，它存在的合法性会受到质疑，会被人们认为其所声称的社会使命是为了实现商业回报。例如，进行 IPO 的社会企业的合法性始终受到质疑（Pache and Santos, 2010）。再例如，英国有一家社会企业发展势头良好，将业务扩张至美国，威胁到了美国当地类似组织的发展，后者对外批评它采用麦当劳快餐连锁方式运营，合法性因此受到极大削弱，最终被迫退出了美国市场（Dacin, Dacin and Tracey, 2011）。但是，社会企业如果只追求社会性，往往会因为缺乏足够、持续的财务与商业资源而无法支撑其完成社会使命，最终也只能关门歇业。社会企业在发展中很容易产生上述目标偏离现象（Battilana and Lee, 2014；Santos, Pache and Birkholz, 2015），如何保证其不偏离轨道？为其可持续发展计，在内部始终维持商业性与社会性两大目标的不偏不倚是非常关键的。

值得指出的是，虽然都是实现社会使命，但社会企业所从事的社会化事业与其他企业开展的社会责任活动还是有着明显区别的，并不能简单等同于后者。Battilana and Lee（2014）专门对这一点进行了讨论，明确指出这两者之间本质的区别在于，社会性、公益性、慈善性等活动是社会企业的核心性、日常性、必须的活动，但对于一般企业而言并不是，只属于其外围性活动，而且不一定是日常性的、必须的工作任务。从这一点出发进行理解，就不容易将社会企业与一般性企业混淆了。

另外，社会企业这种混合式组织和组织探索和应用双元学习机制（March, 1991）也是有所不同的。Battilana and Lee（2014）指出，尽管两者都强调组织中存在着某种"紧张关系"（tension），但前者是指两种组织运作模式（商业性与社会性）混合在一起而产生的"紧张关系"，后者是在单一组织运作模式（商业性或社会性）中，两种学习行为因竞争有限稀缺资源而产生的"紧张关系"（March，1991）。

目前，关于社会企业的研究正在兴起之中，在研究方法上有着鲜明的特色，除了 Dimitriadis，et al.（2017）是定量研究以及 Battilana，et al.（2015）是以定量分析为主、质性研究为辅，关于社会企业的研究主要使用的是质性研究方法，包括案例研究，现阶段也有一些关于社会企业相关问题的思辨性理论构建研究。社会企业的研究总体仍属新兴领域，值得研究关注。

4. 从理论本质理解社会企业的行为机理

Pache and Santos（2010）是这方面的一个代表性研究。该研究认为，为了深刻理解社会企业，必须认识到其与一般性组织的差异。这种差异主要体现在我们不应将社会企业视作一个"浑然一体"的组织运行系统，其内部存在着多个属类不同的"亚群体"（或小单元），这些亚群体各自是不同制度逻辑要求的承载体，由此可以将社会企业视作由倾向对应不同制度逻辑要求的多元承载者的复合体。尽管 Pache and Santos（2010）剖析的是一般性组织去响应相冲突制度逻辑要求的现象，但其分析隐含所指也可以应用于社会企业。Pache and Santos（2010）进一步指出，不仅不同逻辑要求之间可能是不相容的，这种不相容或冲突的程度也是各不相同的，而组织场域中权力的集中性则是决定这种不相容或冲突程度大小的关键因素：集中性高的场域，其中一种逻辑要求占据明显的主导地位，冲突性并不见得会很高；集中性中等时，场域中主要逻辑要求之间的力量最为势均力敌，此时相互之间的冲突与不相容性就会最高。另外，Pache and Santos（2010）认为，同样是对组织提出特定要求的制度逻辑，但其要求的性质是有所区别的，通常可以将对组织产生作用的制度逻辑要求分为两类：一类是思想体系与观念形态层面上的（goals），另一类是功能层面上的（means）。前者决定了组织为什么而存在，在实践上是通过组织的目标来呈现的；后者决定了组织具体的行动方式与策略路径，是通过具体的操作措施来体现的。前者对组织的要求是本质性的，体现了一种核心价值上的诉求，不容多少商谈的余地；后者体现的是一种非核心性关切，是外围性的影响因素。前者要求组织的行为表现与响应策略相对刚性一点；后者要求组织的表现与响应机制具有一定的灵活性与柔性，即要有调整的空间。在上述认识基础上，进一步结合 Oliver（1991）关于组织面对不同制度要求如何进行差异化反应的经典策略类型，Pache and Santos（2010）有针对性地剖析了组织多样性的响应特征。Pache and Santos（2010）可为深刻理解与有效管理混合组织（尤其是社会企业）提供重要的启示与指导。

  Battilana and Lee（2014）也是理解社会企业及其管理策略的代表性研究之一。认识到已有研究对于如何缓解社会企业内部冲突这一问题的分析出发点、思路与观点各不相同，Battinana and Lee（2014）并未简单地指出哪种更为合理或较具优势，而是自己给出了一个关于该问题的综合性概念框架，并提出了一个新概念——混合式安排（hybrid organizing）——用以串起整个框架中的内容。Battilana and Lee（2014）将混合式安排定义为"组织感知与组合多种组织形式的活动、结构、过程与意义"，并且认为，混合式安排是指借助"组织生活"（organizational life）中五个关键领域去发挥重要作用的组织机制，这五个关键领域包括了核心性的组织活动、员工构成、组织设计、组织文化和组织间关系。在 Battilana and Lee（2014）看来，社会企业中大多数的混合式冲突缓解都可以从这五个方面的维度予以统筹安排，以使企业做出适宜的响应策略。

  Wry and York（2017）将（创业者）个人身份（认同）理论应用于社会企业创建及其行为机理分析之中，构建了一个类型学的分析框架。他们认为，以往研究考虑的都是社会企业中不同人群身份差异所代表的逻辑不相容引致的冲突，而较少探讨单个社会创业者身上多重身份（身份可视为具体代表逻辑的"指针"）之间的冲突及其对创业活动的影响。在此基础上，他们将单个创业者身份分为角色身份（role identities）和个体身份（personal identities）两种类型，并以此作为切入点展开分析。他们指出，无论角色身份还是个体身份，均可再进一步细分为商业性角色和社会性角色。例如，对于角色身份而言，可细分为律师或会计师等商业性角色身份，以及社区工作者、公务员、教师或父母等社会性角色身份；而对于个体身份而言，也可细分为有关财富、权力等方面的商业性个体身份，以及有关仁厚、爱心等方面的社会性个体身份。他们进一步认为，对于一名社会创业者而言，其主导性角色身份与个体身份的搭配组合共有三种：第一种是角色身份与个体身份相同，两者同时均为商业性的或者同时均为社会性的，此种情况下可称该创业者为"单意识的"（single-minded）社会创业者。第二种是商业性与社会性混搭地呈现于角色身份与个体身份之中，他们将这种类型称为"混合的"（mixed）社会创业者，具体可分为"混合社会性"（mixed social welfare）社会创业者（角色身份凸显为社会性、个体身份凸显为商业性）和"混合商业性"（mixed commercial）社会创业者（角色身份凸显为商业性、个体身份凸显为社会性）。第三种是"平衡的"（balanced）社会创业者，具体是指角色身份同时包括了社会性身份和商业性身份，以及个体身份同时包括了社会性身份和商业性身份。在上述类型学框架上，他们对不同情况下的社会创业特征与机制进行了理论辨析，可为社会企业的创建、管理以及社会创业者自我认知与机会把握提供很好的理论指导。

Besharov and Smith（2014）的理论分析也是代表性研究之一。她们在探讨组织内部不同制度逻辑冲突时，根据多重逻辑的冲突性程度以及逻辑间力量对比两个维度，将组织内多重逻辑冲突分为四种：对抗型（contested）、脱离型（estranged）、齐整型（aligned）和主导型（dominant）。这四种类型依次代表了从高到低的逻辑冲突。她们指出，尽管绝大多数以往的研究认为社会企业应该对应的是对抗型逻辑冲突状态，但她们认为其他三种状态也可能对应于某些现实中存在着的社会企业类型，并对不同的情况进行了一些初步的探讨。感兴趣的读者可以自行阅读这篇文章。

5. 社会企业经典研究中的主要商业模式形态

一个社会企业能否成功创建并获得可持续性成长，关键在于其内部相冲突的两种力量（商业性与社会性）之间能否协调与平衡。这种协调与平衡不仅需要社会企业在创建与后续发展中灵活而又适宜的管理策略，更在于创建之初设计的商业模式是如何巧妙连接起两种思维与目标，并将两者有机地放置于一个组织运作系统中的。我们无法穷尽这种商业模式的具体形态，下面介绍一下现有的主要研究中探讨较多或较为精妙的模式设计，以更好地帮助读者理解社会企业的多样形态及其各不相同的实践操作思路。

Battilana and Dorado（2010）的多案例比较研究提供了一个社会企业商业模式设计的经典事例。两位作者在研究中选取了玻利维亚的两家小微信贷银行（社会企业）作为分析对象，它们代表的是一种常见的社会企业模式形态。这两家小微信贷银行是受前述格莱珉银行的启示并以其为标杆而建立的。在此类组织出现之前，当地的小额贷款只能通过付给非正规放款人较高的利息而获得，而正规金融机构往往只愿意服务较为富裕、资产雄厚的人群。当地这类社会企业的原型最初主要是一些纯粹的非营利组织，由非政府组织来运营，通过寻求捐赠等方式筹集资金，再将筹来的资金转付给贫困人群，帮助他们创业从而实现其社会使命。后来，这些非营利组织发现，通过精确的模型计算与设计，如果能从借款者那里收取他们可负担的适宜利息，那么它们完全能够支撑得起自身的运营成本，而不需去寻求他人捐赠，于是便从非营利组织转变成了社会企业：从某些商业组织获得部分起步资金，然后以商业化的运作手法，按照一定的利率水平，贷款给难以获得传统银行信贷的贫困人士，帮助他们进行小微创业，从而实现这类社会企业的社会性使命。

Pache and Santos（2013）在其四个案例的比较研究中，以法国 WISEs

（Work Integration Social Enterprises）组织为对象进行了具体的分析。WISEs 是这样一种社会企业：它致力于为长久失业而未能找到合适工作的人士提供重新就业与上岗服务，为了实现这一社会性使命，它除了雇用一大批正规、熟练的人员，还雇用了一部分许久未能就业或难以就业的人士，对这些人员进行短期的训练与培养，让他们在产品与服务过程中逐步掌握工作技能、树立工作信心，直到找到新的、更好的长期就业岗位。WISEs 的商业目标是通过正常的产品生产与销售以获得财务收益，社会使命是帮扶长期失业人员重新就业，通过商业模式的精巧设计融合进来两种不同的目标，从而获得了最终的成功。

在 Smith and Besharov（2019）的研究中，她们选择了一家创建于柬埔寨的社会企业 Digital Divide Data 公司（简称 DDD）进行了深度的单案例研究。从案例所反映的信息来看，DDD 是一家信息技术外包公司，在创建初期以及成长前期，DDD 的服务范围主要定位于柬埔寨，其社会使命是帮助当地年轻人找到更高质量的工作。为了实现这一社会性使命与目标，DDD 专门雇用柬埔寨底层（年轻）人士进入该公司从事数据输入业务，在该业务领域中为其提供正规的培训，帮助他们尽快成为一名该专业领域的合格甚至优秀人才，最终从该公司的工作岗位中跳出去，到外面找到收入更高、工作更体面的职业与职位。

从上述几个经典的社会企业研究范例可以看出，社会企业具体的模式形态可能各不相同，但万变不离其宗，如何在实践中将商业性目标与社会性目标很好地融合起来，形成良性、可持续的发展机制，则始终是社会企业创建与后续发展的关键线索。

6. 社会企业内部两种不同目标的平衡策略研究

Battilana and Dorado（2010）对玻利维亚两家小额信贷组织成长过程的双案例研究显示，新创一家社会企业时，由于存在鲜明的混合逻辑冲突性，为了可持续性发展，需要为其构建一个共同的组织身份（organization identity），共同身份将会有效阻断激增冲突的不同亚群体各自身份的形成，以此来维持两种逻辑（商业性与社会性）的平衡。在新创企业构建共同身份的过程中，核心"抓手"便是采用合适的雇佣政策，因为不同的雇佣政策决定了会有不同特征的人员进入初创期的社会企业中，从而将极大地影响该企业共同身份构建的可能性及特征。Battilana and Dorado（2010）对两家案例企业的研究揭示出各自经历了截然不同的发展轨迹，绩效呈现显著差别。例如，其中一家社会企业为了同时满足其商业性与社会性目标的实现，同时雇用了具有商业性职业背景的信贷人员和具有社会性职业背景的信贷人员（类似于我们平时所说的"社招"），而这些不同背景的人员可以分别作为不同逻辑（商业性或社会性）的承载体，从而可以保证企业同时承载这两种运作思维。该企业对于这些新聘人员进行大量的培训工作，让他们充分了解组织的双向目标及其操作特征，例如对商业性职业背景人员多培训其社会使命感及落实措施，而对社会性职业背景人员则多培训其商业运作能力等，以促使两类人员接受该企业的共同身份。但另一家社会企业则不同，它是对标上一家企业而建立的，但有所区别的是，它采取的员工雇佣策略是一种所谓的"白纸策略"（tabula rasa）：从企业初建期开始，它只开展"校招"，即只从刚毕业的大学生中聘用新员工，这些新员工进入企业时，职业倾向与背景是一片"空白"，并无什么先行的社会性与商业性倾向，企业对这些新员工进行大量的混合型培训，让他们同时掌握商业性与社会性使命及操作技能，从而使得该企业在具体的运营中维持两种不同思维的平衡性。

Pache and Santos（2013）对四家 WISEs 社会企业的案例研究，重点回答了面对商业性与社会性的制度逻辑冲突，组织内部的活动特征与机制如何。其研究发现，WISEs 在具体操作中，是以多种组合策略来分别响应两种思维与目标要求的：对于商业性逻辑，企业在其组织内部以集中控制为主，不同分部之间的行动保持统一性，业务特征强调与所处产业领域的关联性，尽量雇用商业技能水平高的人员去实施商业化运营；而对于社会性逻辑则不同，为了响应这种逻辑要求，企业追求不同网点或分支机构的自主性，甚至允许其拥有一定的产权。在经济收益调配方面，采取的是将容易实现盈利的网点或分支赚取的收益"转移支付"给那些较难盈利的网点或分支，以延续后者的社会使命。在经营管理分权方面，采取不同的思路来开展工作：对于企业内部主要的经营管理工作进行标准化设置，要求不同网点或分支统一行动，但是，在产品定价与销售方面，却对下属不同网点充分授权，完全放开，不作强制性要求。在身份定位与形象构建时，也是按照不同思路分别展开：在业务拓展过程中，不一定坚持以己为主，面对地方"实力派"合作者时，愿意让出控制权而只重在合作；但在形象建设中，却重在建设贯通整个企业方方面面的身份与品牌识别系统，强调业务流程与操作的标准化。这一系列的权变式平衡与混合策略体现为多方面的特征，并非不加区分地应用于所有情况之中，因此 Pache and Santos（2013）将此现象命名为"选择性耦合"（selective coupling），即从两种不同运作思维或逻辑分别允许的策略工具或要素箱中进行挑选与组合，并将这种响应策略统称为"变色龙策略"（chameleon tactic）。

  Smith and Besharov（2019）对 DDD 公司十年成长过程展开了纵向研究，揭示并构建了该公司成长过程机制模型。这一模型是一种融合结构灵活性的独特的过程模型。研究显示，该模型较好地协助了 DDD 公司这个社会企业实现了混合性目标的持续平衡。具体来看，该模型主要是由两大构件组成——"悖论式构架"（paradoxical frames）和"防护栏"（guardrail）。搭建"悖论式构架"体现为动态调整领导者对于组织混合性目标（商业性与社会性）的认知与理解；"防护栏"则由正式结构、领导者的专业技能以及与每个目标有联系的利益相关者构成，用以约束组织的行动轨迹，避免组织偏离目标而过于追求商业性或社会性目标中的一个。Smith and Besharov（2019）对于 DDD 公司的这项研究令人印象深刻，属于近年来社会企业研究的一个重要进展。

7. 社会企业混合目标解决机制与协调结果差异

上述介绍的研究揭示并构建了社会企业中所蕴含的理论机理、理论模型或概念、混合目标的平衡逻辑等，但是，不同的机理与模型在实践中的效果如何、绩效结果怎样，值得我们进一步关注。

Battilana and Dorado（2010）的双案例研究显示，招聘两类不同技能背景人员的同时为他们建立共同身份认同的模式可以有效减少这两类人员之间的冲突，所研究的一个社会企业因此迅速获得了成长和成功。但该企业的成功并未维持多久，两类人员之间的冲突与争执不断增加，很快使得该企业陷入了内部纷争，大量人员离职，企业发展陷入停滞。而另一家社会企业通过"校招"雇用大学毕业生，入职后以社会企业思维与目标上的混合要求进行培养与训练，该企业初期成长得相对比较缓慢，但随着时间的推移，后续成长却很稳健。最后，前一家案例企业反过来开始向后一家案例企业进行模仿与学习。该案例研究结果似乎显示，进行"校招"、在白纸上描画的"白纸策略"，比在已经画有内容的"社招"人员基础上进行"拼凑与匹配策略"（mix-and-match）更好一些。

而 Pache and Santos（2013）的案例研究显示，社会企业不仅可以通过"选择性耦合"与"变色龙策略"来灵活应对多元目标的冲突，它们还会采取一种"特洛伊木马"模式（Trojan horse pattern）来提升成功的可能性。例如，该研究指出，对于带有比较明显的商业性逻辑身份的社会企业，会在其后续运作中特别强调其另一面（社会性）的资源投入与活动表现，以提升整体的合法性。但是，带有比较明显的社会性逻辑身份的社会企业，表现则大有不同，由于它们初始时鲜明的社会性使命特征已经"深入人心"，因此在公众面前作为"社会企业"的合法性比较高，不用担心因在后续发展中多强调一点商业性而招致外部的批评、质疑，也不用太担心因为增加了商业性而难以获得充足的外部支持，在这种情况下，符合这种特征的社会企业就可以有较大自主度来集中精力筹措企业发展所需的商业性资源。用一句通俗的话来说，这类社会企业"有钱、任性"。在 Pache and Santos（2013）的比较案例研究中，这家社会企业的运营绩效在几家中是最为突出的。

Smith and Besharov（2019）的单案例研究则显示了混合式逻辑冲突解决与协调有效性的独特动态轨迹：在 DDD 这家社会企业成长过程中，解决战略冲突、阐释身份意义、尝试具体操作方式这三种策略串联起来，在"悖论式构架"与两侧"防护栏"（一侧为社会性目标，另一侧为商业性目标）划定的轨道范围内如同运动中的桌球一般不断碰撞，最终稳定在组织的社会性与商业性目标平衡之处，从而实现了自身的成功与可持续发展。

8. 社会企业商业模式设计的思路及其管理策略

上述研究描绘了各具特色、各不相同的机制与策略及其效果。但是，社会企业千差万别，面对的情境也五花八门，如何理解其运作特征并针对性地给出一般设计思路与实践管理的操作策略，不仅具有理论意义，更具有实践启示。Santos，Pache and Birkholz（2015）对此曾进行了一个综合性的讨论，并给出一个整合性的理解与分析框架，具有较好的启示与指导意义。下面对该研究的主要观点进行简单介绍，以便读者有一个初步的了解与认知。

Santos，Pache and Birkholz（2015）指出，对整个社会来说是否创造了价值是理解社会企业模型的基本出发点，或者说，是否存在价值的自动外溢性及其特征，是理解社会企业的核心思路。除此之外，还需考虑社会企业的客户与受益者（指社会使命实施对象，以及从其产品和服务中获益的人）的情况，客户与受益者重叠（相同）和不重叠（无交叉）决定了社会企业的类型和作用是不同的，这也是理解社会企业的一个核心出发点。他们从这两个维度出发来理解社会企业，并将社会企业的商业模式分为四类：市场型混合（market hybrid）、混搭型混合（blending hybrid）、桥接型混合

(bridging hybrid)、耦合型混合（coupling hybrid）。

Santos，Pache and Birkholz（2015）认为，在上述四种模式中，市场型混合接近于市场化企业，例如专门向贫困阶层提供廉价的清洁饮用水的企业，给客户带来的不仅仅是清洁饮用水本身，还同时提升了他们的整体福利（如健康、心情等）。因此，在这种模式中，价值自动外溢、客户与受益者相同，运作逻辑简单明了，最易管理。混搭型混合的价值难以自动外溢，但客户与受益者相同，例如小额贷款银行等。这类社会企业管理起来也不是太难，关键在于同时分别构建商业化运营能力以及社会影响力，甚至将有些侧重于某个目标的活动简单外包给专业性的组织去做也是可行的。桥接型混合属于价值自动外溢但客户与受益者不相同的情况，例如 DDD 公司（Smith and Besharov，2019）。这类社会企业的管理难度相对更要大一点，在这种模式下，使命偏离的风险比较大。之所以这样，是因为这种模式中不同逻辑主体（商业性、社会性）往往是通过创业者连接在一起，通过这种连接将双方各自的资源与需求进行巧妙匹配，但是，随着时间的推移，该类企业往往自觉或不自觉地将其商业性诉求置于社会性使命之前，从而侵害该组织的合法性、健康性和生存基础。在具体管理中，需要随时监控其社会性目标是否始终指向受益者。耦合型混合是指价值难以自动外溢、客户与受益者不同的模式类型，例如 WISEs 等。这种模式是 Santos，Pache and Birkholz（2015）所认为的最复杂的模式，需要将相对割裂与冲突的双方（商业性与社会性力量）始终连接、交织在一起。更重要的是，这种模式中的（社会性）目标偏离现象最为突出，管理重点在于对内部经常产生冲突的亚群体进行灵活、及时的协调。综观 Santos，Pache and Birkholz（2015）提出的这一整合性分析框架，较为全面系统地涵盖了实践中可能出现的社会企业模式类型，可以为管理实践提供针对性强的启示与指导。

综合来看，不论如何研究社会企业，有几点需要特别强调：社会企业是在贫困、发展失衡、市场失灵、失业失助、环境保护、社会公益活动等日益受到关注的背景下出现的新的混合组织类型，从其拟解决的主要问题来看，对它的关注与研讨在我国实施共同富裕战略的时代背景下尤显重要。社会企业本质上是以商业运营策略来支撑实现社会目标与价值，两者不可或缺，尤其是后者，实践中很容易发生目标偏离，即往往将商业性置为优先考虑的目标。社会企业的创建与管理应依据各自的不同特征来分别对待，从而提升管理效率与成功可能性。社会企业的活动和一般性企业开展慈善与社会责任活动略有不同，其本质区别在于，对前者来说，社会性活动是核心、日常必须活动，但对后者来说可能只是外围活动，并不一定构成日常性的必需的工作任务（Battilana and Lee，2014）。社会企业虽然是由某些人所创建起来的，或者是由某些人所实际拥有的，但其运作目标并不是为创建者或拥有者赚取经济回报，而是为了服务特定社会性受益者（Miller et al.，2012）。与社会企业相关联的一个概念是社会创业（social entrepreneurship），社会创业是指"应用市场方式来解决社会问题的过程"（Grimes et al.，2013），这是另外一个复杂的话题，在此不做介绍，感兴趣的可以参看 Miller et al.（2012）。上述几点的认知与理解可以帮助我们树立合理的运作社会企业的基本思维，从而使社会企业的发展具有可持续性。

三、制度创业（者）

尽管 Meyer and Rowan（1977）和 DiMaggio and Powell（1983）建立了新制度理论，将组织与环境的互动以及组织的行为模式研究向前推进了一大步，被视作组织理论研究的重大进展，但是，新制度理论仍然留下了一大片有待研究的空间，其中最主要的困惑就是新制度最初由何者推动、扩散从而形成了旧制度的演进与变迁（变革）的。这一问题在新制度理论的框架与体系里是找不到合理解释的逻辑的。

制度创业是与制度变迁或变革密切相关的。新制度理论中的组织是一个被动的遵从者，因而其理论视野中无法体现组织的能动性（agency），制度扩散中缺少能动性的话，是难以完全解释组织率先推行新制度、改变旧制度的可能性的。但问题是，现实中的制度总是处于变迁与演进之中，新的制度总是在取代旧的制度，没有新制度的推行者与发起者，上述情况是难以发生的。当把时间拉长，不存在永久不变的制度，这种现象映射出了新制度理论的解释困顿。后来，为了解决这一不足，DiMaggio（1988：14）专门引入了"制度创业者"（institutional entrepreneurs）这一概念，用以摆脱先前的理论逻辑问题，认为"制度创业"（institutional entrepreneurship）现象正是发起新制度并推动制度变迁与演进的重要动力机制。DiMaggio（1988）进一步指出，制度创业者要想推动制度变迁，必须能够拥有或动用足够的资源，达到"振臂一呼，应者云集"的程度，而制度创业并非什么公益性活动，行为者是受自身收益目标驱动的，当然，在此过程中，并不排除产出公益性副产品。

虽然制度创业概念的引入为分析制度变迁提供了新的重要思路，但是，新的理论困惑却又随之而来：新制度的发起者与推行者（制度创业者）往往深深嵌入于原有制度，在原有制度中拥有合法性地位、受原有制度束缚，但也同时受惠于原有制度，他又是如何能够摆脱以及有何意愿发起制度变革（organization change）呢？这好比是一个人以为用力拔着自己的头发就能悬空站立一般，这里面显然存在着理论上的悖论。Holm（1995）在其研究中将此称为"根本性悖论"（fundamental paradox），即"行为者如何能够变革某种制度，而这种制度恰恰又决定了其行动、意图和合理性？"他在对挪威渔业专卖组织研究基础上指出，当将制度视作不同层次嵌套性的系统时，制度变革中的"根本性悖论"就不再难以理解与解决了。Holm（1995）研究之后，人们就将行为者如何改变其所嵌入的制度问题统称为一种"悖论"问题。

Seo and Creed（2002）同样指出了上述新制度理论中的"理论困境"（theoretical dilemma），即组织被制度完全束缚，那么，制度变迁与制度创新又来自哪里呢？在此基础上，他们沿用了 Holm（1995）的"悖论"一词，并将其正式命名为"嵌入的能动性悖论"（paradox of embedded agency）。他们指出，悖论中行为者的主观能动性源自于其在面对所嵌入的制度场域时，能够策略性地实际调用看似不兼容的制度要求之间潜存的内在关联性。他们将这种策略性行动称为实践操作性（praxis）。为了从理论机理上阐释悖论解决的可能性，他们以一种辩证式视角（dialectical perspective）建构分析框架。辩证式视角体现在人的实践操作性方面具有两面性：既表现为非完全的自主性，又表现为在冲突之间创建新机会。在这一总体认识基础上，他们指出，实践操作性可以扮演行为者的嵌入性及制度冲突性这两者与制度变迁结果之间的中间角色，即实践操作性兼具嵌入性与能动性的特征，从而能够冲破制度束缚、推动制度创新与变迁。他们建立的理论框架为如何看待这种悖论解决机制提供了一个很好的启示。

　　上述对制度创业问题进行了一定的解释，但是，详细具体地展示实践中的制度创业究竟源自何处、何者有机会扮演（或有意愿成为）制度变革发起者的角色，仍然是一个令人感兴趣的研究话题。许多学者对此进行了深入的探讨，其中最为经典的是 Maguire，Hardy and Lawrence（2004）对于新兴场域中制度创业的研究，以及 Greenwood and Suddaby（2006）关于成熟场域中制度创业的研究。前者获得了 AMJ 2021 年影响力奖（Impact Award）提名奖，后者获得了 AMJ 2006 年度最佳论文奖，可见关于这一话题研究的受关注程度与重要性（当然，也说明了论文本身的高质量水准）。

　　Maguire，Hardy and Lawrence（2004）在对加拿大艾滋病诊疗倡议发起与确立过程的质性研究中，认为这是一个新兴的、未成熟的场域，因而并没有明显的主导行为者，不存在处于核心关键位置的主导者，因此，这种场域的制度创业者与成熟场域中位置明确的制度创业者不同，很难将其简单定义为核心还是边缘。基于上述认识，他们从行为者的"题材性位置"（subject position）这个角度来剖析制度创业者的特征，揭示出在新兴场域中，制度创业者倾向于是那些拥有多样性题材性位置者，即那些与更多利益相关者建立合法性关系的行为者，从而可以使自己与更多的相关者建立某种"桥接"（bridge）渠道，以从后者获取多类型的资源。但是，仅仅从行为者特征理解制度创业还不足够，因为制度创业是一个过程，他们进一步发现，虽然在新兴场域依旧要实现新倡议与新举措扩散及接纳的"理论化"（theorization）（Greenwood, Suddaby and Hinings, 2002）过程，但这种"理论化"过程的表现特征具有独特性，要成为制度创业者，还需要将不同利益相关者的多种关切融入新倡议与新举措中，并且善于在与利益相关者的互动中建立稳定的联盟。他们还考察了建立新制度的最后一个环节——"制度化"（institutionalize）过程的特征，认为要想在新兴场域中完成制度创业的整个过程，既需要制度创业者将新倡议与新举措与已有惯例融合，也需将其与不同利益相关者的理念、价值观相对应，从而保证新倡议与新举措得以牢固地确立。

Greenwood and Suddaby（2006）以加拿大"五大"（即曾经的五大会计师事务所）为对象，通过案例研究的方法，对这一制度化程度较高的场域（成熟场域）中的制度变迁过程进行了详细深入的探究。他们的核心观点是，成熟场域中的制度创业往往是由处于核心位置的行为者（说得直白一点就是重量级或关键行为者）推动的，是核心行为者（而非边缘行为者）扮演着制度创业者的角色。原因在于他们是处于较高层级、影响力较大、活动范围更广的行为者，有可能在多个领域有着深刻的接触与体验，通晓多个不同的制度逻辑（不同的通行措施与模式），比其他行为者更能洞察其中的逻辑冲突性与潜存的机会，从而将不同场域进行"桥接"以超越现行的制度范围与模式，他们将此称作"边界桥接"（boundary bridging）。另外，由于核心行为者（例如"五大"）都是业务范围超大、活动触角延伸很远的行为者,因此其市场与业务中的许多部分都超出了所在地的制度约束可能性,双方的力量处于不对等的情况,甚至具备了与当地制度规制者讨价还价的能力,这使得他们可以有能量冲出现有固化的制度模式去开展业务。研究者将此称为"边界错配"(boundary misalignment)。这两个方面都使得"五大"可以较容易地减弱在当前制度中的嵌入性,推行制度变迁,从而成为制度创业者。

Battilana,Leca and Boxenbaum(2009)这篇综述性框架构建论文认为,虽然对行为者如何改变现行制度的研究已有许多,但研究结果存在分歧。目前主要争论在于,到底是处于场域核心(或重要位置)还是处于边缘(非核心位置)的行为者更容易发起制度变革行为从而成为制度创业者。该文进一步认为,虽然所处位置是一个重要因素,但不能简单地只从位置角度来理解,还需要从场域本身的特征来分析,例如,在成熟场域中,似乎是核心行为者更容易推动制度变迁,而在新兴场域中不见得如此,可能会是另一个"故事"(Greenwood and Suddaby,2006;Maguire,Hardy and Lawrence,2004)。另外,发起的新制度和原先制度之间的差别化程度也决定了哪类行为者更易促使制度变迁,由此,更多系统的探讨有助于更全面地解开这些困惑。

更进一步,Battilana,Leca and Boxenbaum(2009)在对制度创业研究系统梳理及认知的基础上,建立了一个阐释制度创业发生的理论机制与过程模型。文中指出,制度创业的发生源自两方面的力量:社会行为者所处的组织场域特征(field characteristics)及其所处的社会位置(social position)。而制度创业者在其中可以发挥的主要角色包括勾画变革愿景、动员其他个体(组织)支持变革。由于制度创业可以被视作以新的逻辑代替组织场域中原有制度逻辑的过程,所以可以将这种情况的发生过程理解为制度创业过程。在Battilana,Leca and Boxenbaum(2009)的理论视野里,制度创业者可以是某个组织,也可以是某个个体,而她们关于制度创业的这一过程描述模型被认为是制度创业研究中的经典框架，具体可参见图 5-1。基于上述认知，Battilana，Leca and Boxenbaum（2009）将制度创业者定义为"是主动参与发起和推进过程的、对现行制度实行变革的能动性组织或个体，无论其发起意图是否改变制度环境，也无论其变革是否能够成功。这种变革是在行为者所嵌入的组织边界或更广泛的制度环境之内展开的。是否创建起了一个企业既非制度创者业的必要条件，也非充分条件"。这也是目前为止关于制度创业者的一个较为全面、合理的概念界定。

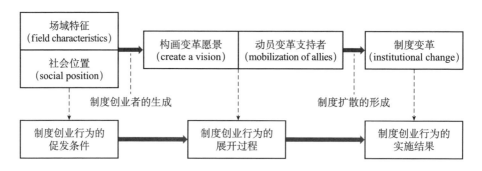

图 5-1 制度创业的发生过程模型

来源：Battilana，Leca and Boxenbaum（2009）。

尽管制度创业是目前组织理论研究中的主流领域与议题，但综合来看，上述关于制度创业的讨论更偏向于社会学特征的制度分析传统（Meyer and Rowan，1977；DiMaggio and Powell，1983）。另外，Pacheco et al.（2010）在其关于制度创业的理论综述中指出，除了上述分析脉络，还存在着经济学渊源的制度理论（例如 North，1990）分析逻辑，制度创业也是经济学的重点研究议题之一，只不过两大理论流派之间使用的学术话语及其体系有所不同。Pacheco et al.（2010）的分析显示，社会学渊源的制度理论更偏重于关注制度创业的过程及其中的机制问题，而经济学渊源的制度理论偏重于关注制度创业的前因、结果等问题。不论研究侧重点如何，该文认为这两大流派在研究制度创业问题中均倾向于采用质性研究方法。该文作者号召，要想使得制度创业研究朝向一个更全面、更深刻的方向推进，有必要将社会学渊源的制度理论与经济学渊源的制度理论这两种分析视角进行融合，从而更加有效地帮助人们理解制度创业现象。另外，他们认为，虽然"制度创业"这个概念被冠以"创业"，但是，目前关于制度创业的研究似乎遗忘了"创业"这个理论概念的存在性，很少运用创业理论已有视角与研究成果来推动制度创业的研究，而相对于目前创业关注"创业机会的发现、构建、评估与开发应用"，当下制度创业的研究面还是显得相对狭窄，未来有效的制度创业研究有必要更多地从创业理论研究中借鉴灵感。

事实上，创业者个人的创业激情、对周围人群的影响力、个人在不同利益相关者之间"穿梭"能力等特征，无疑都可以与制度创业研究关联起来。当然，反过来制度创业研究也可以对创业研究给予一定的启示，例如当下许多创业者需要具备善于讲述创业"故事"的能力，其背后的逻辑应该与制度创业中合法性构建与制度扩散具有相通性。因此，未来这两个理论领域在一定程度上的关联与融通，会有效地推动各自领域的研究工作。

值得指出的是，制度创业（者）与创业（者）两个概念很容易让人混淆。Pacheco et al.（2010）认为制度创业（者）也仅是表面上借用了创业（者）之名而与后者并无实质关联，Battilana，Leca and Boxenbaum（2009）也对这一点进行了探讨。事实上，两者在概念的实质内涵与理论研究逻辑方面均有明显的区别，因此很值得我们弄清楚两者异同。

Battilana，Leca and Boxenbaum（2009）认为制度创业者与创业者之间的区别在于，后者致力于创建一个新企业，创建企业的方式或方法（是自创的还是借用已有的）都不对其是否被视作创业者有什么实质影响；而前者的目标不是创建一个新企业，而是致力于对现有通行的制度与模式、做法进行变革与创新，他们往往和努力推行一种新措施或新模式以实现制度扩散或变迁（变革）密切相关。

按照上述思路进行延伸,制度创业者和创业者之间区别的关键还是在于其分析层次是个体还是场域,或者其研究出发点、启示落脚点瞄准的是个体自身还是整个场域的问题。创业者只求某些做法对于自己所从事的活动(或业务)是创新的即可,而不去顾及这种做法是否已在其他领域存在或被同行使用,甚至他们还会始终紧盯着他人的创新实践,随时准备学习和利用。此外,创业者也不顾及自己的做法是否会受他人重视或推崇,只要对自己有效即可,他们可能宁肯藏着捂着也不希望自己的想法和做法扩散开来,甚至会去申请专利进行保护。属于自己的独特做法与异质性(而非同质性的稀缺资源)标志着创业的成功,这些构成了企业成长与竞争力的基础。而产权保护理论与政策也正是为了支撑创业者创新创业的积极性与热情而服务,最大限度地对他们的创新性的做法、技术等进行保护。而对创业者而言,他们可以设置进入障碍、提高进入壁垒,这也是经常出现的。但是,所有这些做法对于制度创业者而言则完全相反,制度创业者希望自己的做法能够尽可能地大范围、快速地传播,被别人认可与接受,并广为实施,以获得合法性,从而改变整个场域(通俗理解类似于领域)的制度逻辑。

当然,两者之间也有稍许一致之处:首先是两者都属于个体利益寻求者,前者通过改变制度来实现自己的收益,不过值得注意的是,制度创业研究中往往是以组织作为个体的代理者而展开分析的;后者通过创建新企业来实现自己的收益。其次,既然都带有"创业"二字,都扮演一定的"创业者"角色,那么就意味着要甘冒风险,创新和较高的失败可能性是两者的一致之处。

综合来看,尽管目前关于制度创业的研究已经取得了许多重要进展与成果,如 Battilana, Leca and Boxenbaum(2009)的框架较为系统地厘清了制度创业的发生过程与机制,Maguire, Hardy and Lawrence(2004)及 Greenwood and Suddaby(2006)的研究也深刻地呈现了不同场域特征中制度创业的具体现象与机制，但还值得说明的是，这些研究似乎更多的是探讨制度创业发生的内生机制，而关于外部突然冲击下制度变迁（外生变革）问题（Maguire，Hardy and Lawrence，2004），目前的经典研究并不是很多。造成这一现状的原因尚不完全清楚，但或许和探讨组织既受限于制度力量又摆脱制度束缚的内生变革更具理论张力这一点有关。外生因素介入下的制度变革问题是制度创业研究领域值得进一步探讨的理论问题。

此外，虽然制度创业可以深刻地展示制度是如何演变的，但是，所有的研究都是站在组织层面上的分析，忽视了个体性的作用，即使有，也都是将个体性的能动性分析归类为组织层面的组织能动性分析，"巧妙地"忽略了微观个体与制度因素之间的理论联系，即很少关注"制度工作（institutional work）"（Lawrence，Suddaby and Leca，2011）所强调的个体行为者对于制度的"创造、维持与瓦解工作"。显然，未来的研究中有必要对此予以特别的重视，以更完整、深入地理解制度创业机制。

四、组织身份及其关联概念

1. 组织身份的概念与内涵

组织身份（organizational identity）是组织研究中的一个重要概念，理解组织身份，在于理解身份（identity）以及身份认同（identification）。身份与身份认同是社会身份理论（social identity theory）中的主要概念，可以存在于个体层面上，也可以存在于团体或组织层面中，是研究组织相关现象与问题时的"根（root）"概念（Albert，Ashforth and Dutton，2000）。

再进一步来看，身份往往是与身份认同放在一起进行理解的，它们带有一定的社会心理学色彩，Ashforth and Mael（1989）曾对这两个概念进行了系统的梳理，认为身份是个体对自我属性及特征的一种认知与理解，这种自我属性及特征包括个体自身性维度，也包括其所属社会性维度，分别代表了个体性身份（personal identity，如性别等）和社会性身份（social identity，如生活与成长地域等），两者都是回答"我是谁"（identity）之类的问题。而身份认同则可以通过回答该类问题而得以认知与洞悉，身份认同是构建在身份之上的，相比较而言，身份是一个更为基本性的概念。

当把认知思维与分析逻辑置于一个组织的情境之中，那么，这种社会身份（social identity）与社会身份认同（social identification）便成了组织研究中更为具体的组织身份（organizational identity）和组织身份认同（organizational identification）。前者侧重于讨论组织宏观层面上的问题，后者则更多与微观组织行为问题相关联，作为更关心组织宏观层面议题的组织理论，需要更聚焦于组织身份来讨论。

普遍认为，组织身份概念的正式提出与内涵界定来自 Albert and Whetten (1985)。Albert and Whetten (1985) 指出可以从三个维度来理解组织身份：首先是组织的根本属性（essence of the organization），它代表了组织的核心之处（central character）；其次是区别于其他组织的属性（distinguish the organization from others），它代表了组织的特异性（distinctiveness）；最后是随时间流逝仍一直保持的、同一的、延续的属性（enduring, sameness or continuity over time），代表了组织的时间延续性。这三个方面就是后续文献通常引用的组织身份的核心内涵——CED（central, enduring, distinctive）。CED 共同表达了这样的一个问题："作为组织，我们是谁？"（Who we are as an organization?）这个问题便是组织身份最为简洁的概念定义了。

至于"C""E""D"这三个维度之间的关系，Whetten (2006) 后来还进行了专题分析，他认为 Albert and Whetten (1985) 所聚焦的"central""enduring"和"distinctive"里面，最为关键、基础的应该是"distinctive"，然后在它的基础上才好突显出"central"和"enduring"。

Gioia et al. (2013) 结合 Albert and Whetten (1985) 的定义，对组织身份给出了他们自己的界定，即"一个组织诸多特征中，在其成员眼中属于核心的、使得该组织异于类似组织并且随时间延续的那些特征或'自我形象（self-image）'"。并进一步指出，这里所谓的核心特征具体包括了关键的价值观、标签、产品与服务等，通过这些组织特征以及围绕其所展开的诸多活动，可以看出这个组织是一个什么样的组织（Who we are as an organization）。他们对组织身份的定义看似与 Albert and Whetten（1985）的定义基本相同，只是表述方式有所变化，但实际上含有对 Albert and Whetten（1985）定义的不认同之处。

说得具体一点，Gioia et al.（2013）认同 Albert and Whetten（1985）定义中关于组织身份是组织认知与理解中最为核心、特质性的，但不认同组织身份是一个随时间流逝一直保持的、延续（保持稳定、基本不变）的特征。他们认为，在一个相对较长的时间里，组织身份总是变动的，是不稳定的，不存在总是稳定不变的身份，否则就意味着组织永远不存在变革现象了。此外，如果组织所面对的环境在变化，但组织却不与环境保持联动，显然不符合组织成长与发展的基本逻辑，也与我们对于组织实践的观察不符。这是他们与 Albert and Whetten（1985）最大的不同。换句话说，他们只认同组织身份是一个组织核心和特质性的特征，而不认同它是一个组织持续稳定或不变的特征，即使是在一个较短期内，身份也存在着某些变化。在他们看来，之所以表面上组织身份在一个时期内给人的感觉是稳定不变的，是因为组织内的成员始终在使用某种固定的标签或标识来表达组织的某些特点，但实际上这种标签或标识所包含的真实内涵不经意间已发生了变化。

近些年来，关于组织身份的认知及理解的理论视角正在扩大。组织身份不仅可被视作构建与找寻组织合法性的一种工具（Gioia et al., 2013；Whetten, 2006；Whetten and Mackey, 2002），同时也是一种与其他组织进行有效区分的窗口，因此便存在着如何在相似性与特质性之间实现某种平衡性的诉求（Deephouse, 1999；Gioia et al., 2013；Whetten, 2006；Whetten and Mackey，2002）。尤其是制度理论兴起之后，组织制度成为组织理论的一个主流分析视角，组织身份的概念内涵也随之发生了变化，或者说，组织身份的概念内涵得以扩展。这种视角下的研究更关注组织某种属类（category）相关的身份，例如教育领域、高科技行业、互联网领域等相关联的身份。这种身份带有两大特点：首先，在同一领域内所有组织都具有某些互通性的特征，从这个意义上看其中的组织并无明显差异，因此构不成组织身份"CED"标准，它们只是从整体上区别于该领域外的其他组织罢了。其次，当把同一领域内的组织拉近距离、相互比较时，它们无疑又具有千姿百态的"性格"，是一个个独特的组织（Gioia et al.，2013；Greenwood et al.，2011；Kodeih and Greenwood，2014）。这种身份是当前进行组织身份研究的一个新理解，往往可用以连接制度理论范式，从而拓展了组织身份研究的理论基础，使得组织身份与制度理论有效地衔接，为组织身份研究融入了许多的社会学色彩。

2. 争论性的观点：组织身份是稳定持久的还是流动变化的？

通常认为，Albert and Whetten（1985）关于组织身份三个基本内涵的界定与描述，大致勾勒出了身份的基本特征，成为后续研究的主要出发点。但是，随着研究的深入，学者们关于这三个基本内涵产生了一定的分歧，分歧的关键不在于"核心""特质"这两个内涵，而更多地表现在"持续"这个内涵上，即组织身份会不会变化。关于这一点，Gioia，Schultz and Corley（2000）指出，身份并非稳定不变的，"我们主要的观点是，不同于绝大部分文献中的认知，组织身份是相对动态的，要求其保持持久不变是虚幻的"。根据丹尼斯·A. 吉奥亚（Dennis A. Gioia）等人（Gioia，Schultz and Corley，2000；Gioia et al.，2013）的观点，即使是在相对短的时间内，身份也是处于变动中的，这是以吉奥亚为主要代表的学者们关于组织身份的核心观点。

关于组织身份的不稳定性与变动，Gioia，Schultz and Corley（2000）还

从另一个角度作了形象、具体的解释，他们认为："我们重新界定组织身份为一种不安定与不稳定的概念，组织成员频繁地对其进行重新定义与修正。同时，我们认为身份的这种不稳定性主要源自它与组织形象的相互关联，后者显然是一种带有流动性特征的概念。我们进一步认为，身份的不稳定性事实上是因应环境要求、为便利组织变革与协调而形成的。"不过，他们的阐述并未完全走入极端，尽管认为身份具有不稳定性，但是，他们认为组织身份是有某些客观性成分在其中的，因此，身份的变化是渐进的。

总体上来看，组织身份的内涵具有一定的复杂性，它带有一定的变动性特征，但又不是那种具有较高不稳定性的概念，对它认识与理解需要辩证地看待，并有待多维度、多情境的剖析。

3. 组织身份与组织形象、声誉间的关系

研究组织身份，有必要了解它与组织形象（organizational image）、声誉（reputation）之间的关系，因为这三个概念在文献中经常被混用，很有必要对三者之间的异同进行界定。事实上，后两者是组织身份研究中经常出现的概念，因此辨析三者关系是组织身份研究中的重要事项。Gioia，Schultz and Corley（2000）就曾认为，"在组织身份与各类形象之间，有一种互相关联的紧密关系。"

Dutton and Dukerich（1991）是详细研究组织形象的经典文献之一，它对组织形象的定义是"组织成员相信他者看待该组织的方式"（The way organization members believe others see the organization），或者"组织成员认为他者如何看待该组织"（How organization members thought others saw it），从而"估算外部相关者如何判断他们"。

Dutton，Dukerich and Harquail（1994）也是关于组织形象的经典研究之一，它认为形象分为两种：一种是"（组织）成员相信关于该组织的特定、核心、持久之处"（What the member believes is distinctive, central, and enduring about the organization）；另一种是"（组织）成员相信外部相关者对于

该组织的所想"（What a member believes outsiders think about the organization）。她们将第一种组织形象称为"感知的组织身份"（perceived organizational identity），第二种称为"理解中的外部形象"（construed external image）。

这里还需要对上述概念做一点点特别说明。尽管名称不同，但一般人还是很容易将 Dutton, Dukerich and Harquail（1994）所做的两种组织形象的概念界定搞混淆。我们通常将她们所说的第一种组织形象（或"感知的组织身份"）理解为 Albert and Whetten（1985）的经典概念界定中的组织身份（organizational idendity），也就是文献中通常所说的组织身份；而将第二种组织形象（"理解中的外部形象"）视作 Dutton and Dukerich（1991）研究中所说的"形象"。但实际上，这里还是有一点点细微差异的。她们这里所说的形象，并不能被严格等同于其他文献（包括 Dutton and Dukerich, 1991）中所说的形象，因为后者是指"组织形象"，而此处所说的"形象"是指基于"每一个（组织）成员"（each member），而不是所有成员（或成员总体）。在她们看来，每一个成员对组织的理解是不一样的，从而，成员之间关于组织形象的理解是不一致的，因此关于组织身份的理解也是有所差别的，也就是说，她们是从一个个成员个体的角度来分析其眼中的（组织）"身份""形象"，在这个意义上来看，组织或成员认同（identification）便是隐含在其后的一个重要议题了。当然，对于组织成员总体而言，一个共享的组织形象与组织身份理解被她们视作"集体性的"（collective）概念，即从集体或总体角度来看待组织，而这个才对应于一般文献中所谓的"组织身份""组织形象"，而每一个或某一个组织成员对于组织的理解与看法，是一种个体性的（individual/personal）（而非集体性的）"组织身份""组织形象"。

除了上面的经典定义，Whetten and Mackey（2002）也给出了关于组织形象的定义，他们认为"组织形象是组织行为者想要其外部相关者理解的组织的核心、持久、特异之处"。他们认为这个关于组织形象的定义类似于

Gioia，Schultz and Corley（2000）所说的"投射的形象"（projected image）。此外，Gioia，Schultz and Corley（2000）认为，外部看待组织的方式即是一种形象，用他们的话来概括非常简单，这种形象可被称为"外部短暂的印象"（external transient impression）。

关于组织声誉这个概念的认识则较为统一。Whetten and Mackey（2002）曾经给出过关于组织声誉的简洁定义，他们认为"组织声誉是组织从其相关者那里所获得的关于组织身份声明可信性的某种特定形式的反馈"。这个定义至少反映出两点：声誉是围绕身份的一个概念，声誉是关乎可信性的一个概念。

Gioia，Schultz and Corley（2000）认为，相对于组织形象是一个同时关乎内部与外部、有点杂乱并存着不同理解的概念，声誉是外界对于组织总体性的理解与认知，因此，与其文中所称的形象（即外部看待组织的方式，或者"外部短暂的印象"）有所不同，声誉更倾向于呈现的是对组织整体性的较为长期性的认知，Elsbach（2003）对此亦做了较多探讨。

Dutton and Dukerich（1991）对组织身份、组织形象和组织声誉之间的关联与差别也进行了探讨。她们认为，组织身份是组织内部人士（组织成员）自己认为、理解或认定的组织特征，而组织形象则不仅决定于内部人士这一种角度与相关者，还包括从内部人士主观认知出发所理解或认定的外部相关者对自己这个组织的判别，是内部与外部两种视角的综合。当然，不论这两个概念如何区分，它们都与内部成员的理解、认知与判断紧密相关，从而，身份和形象都是影响内部成员（当然，也通过内部成员作用于外部相关者）行为的重要因素，因此也是促进组织做出某些相关行动的重要力量。而组织声誉则是实实在在、客观存在的某种特征，是外部相关者对于该组织的理解与认知的客观存在，它更多的是一种外部他者视角下的产物。

Brown et al.（2006）对组织身份、形象与声誉这三个相互缠绕、交织

重叠但又各有侧重、各不相同的概念也进行了梳理,他们认为可以通过回答以下四个问题来归类、理解这三个概念:

(1)"作为一个组织,我们是谁?"(Who are we as an organization?)

(2)"组织想要他者认为该组织是什么?"(What does the organization want others to think about the organization?)

(3)"组织相信他者认为该组织是什么?"(What does the organization believe others think of the organization?)

(4)"相关者实际上认为该组织是什么?"(What do stakeholders actually think of the organization?)

以上四个问题后面分别对应着多个不同的概念类别,但总体上来看,其中每一个对应的最为典型的概念类别分别是(组织)身份(identity)、预设的形象(intended image)(Tripsas,2009)或投射的形象(projected image)(Gioia, Schultz and Corley, 2000)、理解中的外部形象(construed external image)(Dutton, Dukerich and Harquail, 1994)、声誉(reputation)。表5-1对比了一些常见的与身份、形象与声誉相关的概念及其内涵。

表5-1　身份、形象与声誉概念对比

概念	主要的定义与文献	作用与存续时间	关联主体	主观性还是客观性
组织身份(organizational identity)	"作为一个组织,我们是谁"(Who are we as an organization)(Albert and Whetten, 1985; Gioia et al., 2013); "CED"(Albert and Whetten, 1985)	较长期	内部成员	主观
(组织)形象(image)	"组织成员相信他者看待该组织的方式"(The way organization members believe others see the organization)或者"组织成员认为他者如何看待该组织"(How organization members thought others saw it)(Dutton and Dukerich, 1991)	较短期	外部相关者	主观或客观

(续表)

概念	主要的定义与文献	作用与存续时间	关联主体	主观性还是客观性
投射的形象（projected image）	"一个组织所构建的与其受众沟通交流的形象；该形象或代表了、或不代表所宣称的实际情况"（Image created by an organization to be communicated to constituents; might or might not represent ostensible reality）（Gioia, Schultz and Corley, 2000）	较短期	内部成员、外部相关者	主观或客观
理解中的外部形象（construed external image）	事实上等同于 Dutton and Dukerich (1991) 的"形象"；"一个（组织）成员相信外部如何看待（自己）组织"（What a member believes outsiders think about the organization）（Dutton, Dukerich and Harquail, 1994）	较短期	外部相关者	主观或客观
外部身份（external identity）	大致类似于 Gioia, Schultz and Corley (2000) 的"投射的形象"；"外部受众，例如制度行为者、客户、供应商或者互补性生产商如何看待组织"（How outside audiences such as institutional actors, customers, suppliers, or complementary producers view the organization）（Tripsas, 2009）	较长期	外部相关者	主观或客观
内部身份（internal identity）	事实上等同于 Albert and Whetten (1985) 的"组织身份"；"组织成员所持有的对于什么是组织核心、特异和持久之处的共享的理解"（A shared understanding by organizational members regarding what is central, distinctive, and enduring about an organization）（Tripsas, 2009）	较长期	内部成员	主观
期待的未来形象（desired future image）	组织希望外部相关者及内部成员所期待的其未来形象（Gioia and Thomas, 1996; Gioia, Schultz and Corley, 2000）	较短期	内部成员、外部相关者	主观或客观

(续表)

概念	主要的定义与文献	作用与存续时间	关联主体	主观性还是客观性
预设的形象（intended image）	大致类似于 Gioia, Schultz and Corley（2000）的"投射的形象"；"内部人士投射给外部人士看的或理解的（组织）身份"（Insiders' projections to outsiders about identity）（Tripsas, 2009）	较短期	内部成员、外部相关者	主观或客观
声誉（reputation）	外界对于组织总体性的理解与认知，更倾向于对组织整体性的、较为长期性的认知（Gioia, Schultz and Corley, 2000）；"外部对于组织事实上的看法"（How outsiders actually view the organization）（Tripsas, 2009）；"组织从其相关者那里所获得的、关于组织身份声明可信性的、某种特定形式的反馈"（A particular type of feedback, received by an organization from its stakeholders, concerning the credibility of the organization's identity claims）（Whetten and Mackey, 2002）；"相关者事实上认为该组织是什么"（What do stakeholders actually think of the organization）（Brown et al., 2006）	长期	外部相关者	客观

4. 身份、形象、声誉与印象管理

Whetten（2006）认为组织身份与形象是一对可以进行比较的概念，后者可以是针对外部相关者的组织特征的投射，也可以是外部相关者对于组织认知的反应，从而是一种由外及内的概念，是两个不同角度下对于组织身份的呈现；而前者则是一种纯粹的由内向外的概念。

Gioia et al.（2013）这一有关组织身份的长篇评述指出，当组织存在"身份威胁"（identity threats）（Elsbach and Kramer, 1996）时，由于组织形象是组织想让外部相关者对自己形成的某种理解与认知，因此，针对某种或某些具体需求与情境时，组织形象是可以在短时间内进行调整与变动的。组织可以通过某些策略、措施（例如使用社交媒体或其他宣传工具）对形象进行操控，如印象管理（impression management）策略，而形象又被视作一个与身份紧密联动的概念（Gioia, Schultz and Corley, 2000; Dutton and Dukerich, 1991; Gioia and Thomas, 1996），可见，组织可以通过上述思路得以有效地走出"身份威胁"，从而可以说，形象是一个相对较短期的概念，变动性较强。再进一步，既然身份是与形象有所关联的，那么，形象必然影响到身份的形成及稳定性，或者说，身份所具有的变动性特征（Gioia, Schultz and Corley, 2000; Gioia et al., 2013）可以从组织形象那里寻求部分解释。

Gioia, Hamilton and Patvardhan（2014）认为，组织的成员并不能仅仅被视作组织内部人士，因为当一个组织有意识地去影响外部环境及利益相关者时，正如用"投射的形象"（projected image）（Gioia, Schultz and Corley, 2000）发挥某种印象管理作用从而影响特定外部受众、操控其对组织的理解与认知时，组织成员便可被视作外部人士了。事实上，如果将"投射的形象"视作组织有意识地影响外部受众对于组织的理解时，其目标之一便是让外部受众生成对组织的某种形象（projected image），当这种形象传递到组织内部时，便会让组织成员生成一种"理解中的外部形象"（construed external image）（Dutton, Dukerich and Harquail, 1994），从这个意义上说，组织成员也是外部人士。

不过，组织成员的"理解中的外部形象"并不完全是组织操控下的结果。当组织成员实实在在相信其组织在外部受众那里具有某种形象，但当这种"理解中的外部形象"（Dutton, Dukerich and Harquail, 1994）与其组织身份（Who are we as an organization）明显不一致时，组织成员便会感受到"身份威胁"（identity threat）（Elsbach and Kramer, 1996），从而推动组织进行身份的调整与变动，甚至推动组织进行变革。因此，组织身份与组织形象之间是有着紧密的互动关系的。

Elsbach（2003）根据身份、形象及声誉的关联性，探讨了这些要素在组织管理中的独特作用，并结合其他要素与概念给出了组织"感知管理（perception management）"的大致思路。她认为，组织感知管理是一个整合了个体、组织、组织代言人的活动范畴，包括了"组织代言人为影响组织受众对于组织的感知而设计和实施的行动、措施"。与组织感知管理相近的一个概念便是组织的印象管理，这也是一个组织与外界进行互动及相互影响的重要管理方式。但是，她觉得如果想要将组织身份以及组织声誉综合起来，就不能仅仅只谈论印象管理，因为印象管理只是一个在组织操控之下针对外部相关者的管理活动的范畴，是一个相对较为狭义的概念。为了更广泛地探讨组织内外互动影响与作用的特征，她觉得用组织感知管理而不是印象管理来综合描述更为贴切。Elsbach（2003）关于如何认知与定位身份、形象及声誉在组织管理（尤其是感知管理）中的独特作用，对于深刻理解这些概念的完整意义提供了较好的启示。

5. 组织身份研究经典文献简介

组织身份是组织研究中的重要话题之一，因为只要关注组织发展、变革与调整，或多或少都可以从身份及其变化角度进行理解。组织身份的实证与经验研究，大多数采用的都是质性方法，例如吉奥亚及其合作者对组织身份开展的诸多研究。

吉奥亚等人在进行组织身份相关问题研究时，基本采用的都是案例研究，但其与凯瑟琳·M. 艾森哈特（Kathleen M. Eisenhardt）为代表的案例研究在方法与思路上有着较为明显的区别，最主要的区别是吉奥亚等人侧重于单案例研究。吉奥亚及其合作者的工作不仅是单案例研究的典范之作，而且由于许多内容聚焦于组织身份及其转变问题，因此对于透视组织身份内涵及其相关研究议题有着重要的启示作用。

具体来看，Gioia and Thomas（1996）针对美国某顶级公立大学所做的高层如何感知战略变革问题的研究中，运用单案例研究方法（也同时结合了定量实证方法），聚焦于"期待的未来形象"（desired future image），认为"期待的未来形象"是组织身份变化的重要驱动因素。Corley and Gioia (2004) 选取位列《财富》100 强的某企业内的绩优单元分立成独立公司的案例，通过单案例研究方法对分立过程中的身份变化进行了深入研究。该研究概括出了一种独特的身份转变现象，即"身份模糊"（identity ambiguity）状态。Clark et al. (2010) 使用单案例研究方法，对互为竞争对手的两个医疗卫生组织并购案的早期阶段进行了研究，概括提出了"过渡性的身份"（transitional identity），这一身份是衔接并购前双方各自独立身份与并购后共同身份的中介物，可以有效地促使其身份转变。Gioia, et al. (2010) 运用美国某州立大学内部一个新学院建立过程的案例，研究组织身份的浮现与形成机制，指出这一机制由内部与外部、宏观与微观过程共同构成，而身份形成是组织成员特征属性沟通与展示、社会构建两个方面共同作用的结果。Patvardhan，Gioia and Hamilton (2015) 对某个新兴的学术组织构成的场域进行了单案例研究，该研究通过考察 46 家信息学校长达 7 年的相关活动，剖析了组织如何在此过程中构建一种集体性身份（collective identity）。

除了吉奥亚等人对组织身份开展的大量单案例研究，Tripsas (2009) 也是以单案例研究方法进行的组织身份研究代表。在该项研究中，Mary Tripsas 将外部与内部对于组织的理解统称为组织身份，她指出，之所以如此处理，是因为她个人认为组织身份可分为四种：第一种是内部人士对于组织的看法，这个大致等同于 Albert and Whetten (1985) 对组织身份最为经典的定义；第二种是外部对于组织事实上或客观上的看法，她视此为组织的声誉（reputation）；第三种是内部人士投射给外部人士看的或理解的身份，这个大致等同于其他文献中通常所说的"投射的形象"（projected image）（Gioia，Schultz and Corley，2000），Tripsas 自己将此现象又称为"预设的形象"（intended image）；第四种是指内部人士所认为的外部对于自己组织身份的理解，这个就是 Dutton and Dukerich（1991）开始所称的组织的"形象"（image），也是 Dutton，Dukerich and Harquail（1994）进一步重新命名的"理解中的外部形象"（construed external image）。由于 Tripsas 认为自己更多的是基于社会学的视野来展开研究，而且她更关心前两种"组织身份"，因此，在其研究中对各类组织身份未进行细密的分类，而是将第一种称为"外部身份"、将第三种称为"内部身份"。在对某技术型与身份鲜明的公司发展过程的纵向单案例研究基础上，她发现，当新技术发展与当下的组织身份有所偏离时，如何克服身份惯性从而进行身份调整与转变是一个重要问题。

Elsbach and Kramer（1996）对美国"前20"（20-Top）商学院中的8个学院进行了一项质性研究，该研究也属组织身份研究的经典之作。该研究提出了一个关于组织身份的重要概念，即"身份威胁"（identity threats）。它发现这些精英商学院的组织内成员在《商业周刊》发布商学院排名后，有些感知到了组织身份受到了威胁，此时，这些组织内成员会倾向于选择从排名中未涉及的但对其有利的方面正向理解自己的组织，该研究的突出特点是将组织身份与印象管理较好地进行了融合。

五、组织发展中历史性因素与组织悖论

1. 组织身份与组织发展中的历史性因素

关于组织身份如何构成一种历史性因素，需要从组织身份与组织文化之间的关系谈起。

既然通常认为组织身份是一个组织核心、独特与相对持久之处（Albert and Whetten，1985；Gioia，Schultz and Corley，2000；Gioia et al.，2013），那么，紧跟着一个问题便是：组织身份和组织文化之间的关系是什么？两者是不是一回事？如果是一回事，专门提出组织身份这个概念的必要性和

意义就不存在了；但如果不是一回事，那么，它们之间到底存在一种什么样的关系呢？

事实上，关于组织身份与组织文化之间的关系，目前为止有不同的认识，未有完全定论。不过，Gioia, Hamilton and Patvardhan（2014）的观点值得关注。他们指出，组织文化也是理解与区分一个组织的重要概念，并且组织文化确实也是一个组织所特有的，因此也必然是与组织身份有着特定关联的一个概念，但两者之间是有所区别的。他们认为可以从三个层次来理解组织文化的内涵，即表层的标识物与符号，中层的共享价值观，以及底层的思维逻辑与特质。与组织身份对等的应该是底层的内涵，对组织身份的理解应该从组织文化底层去辨识，而表层和中层往往与组织身份关联性不大。

如果一定要将组织身份与组织文化进行关联并区别，结合Gioia, Hamilton and Patvardhan（2014）的观点，那么，组织身份就是核心的组织文化要素，或者说，是组织文化的核心体现与所在。

但正是组织身份这种核心性、深层性特质，使得学者们对于"什么清晰地构成组织身份的真正要素"往往有所争论，客观上评判组织身份的指标目前是缺乏的，或者说，组织身份概念本身的特点就决定了评判指标难以客观化与精准化。因此，尽管组织身份概念理论定义明确、清晰，但在实证经验研究中的测量工具、测量指标还有待进一步确立，从而组织身份相关研究也主要是以质性研究为主。未来关于组织身份的研究应在这方面予以特别的关注。

由上述关于身份与文化之间关系的讨论可知，身份具有一定的历史性，并被看作组织的一项核心资源（Gioia et al., 2013），符合资源基础观（Barney, 1991）眼中的异质性资源属性，可以成为组织持续优势的源泉之一。从这个意义上说，组织身份与组织的历史之间是存在一定关联性的（Gioia, Schultz and Corley, 2000），它多多少少都带有一定的组织成长的烙印（历史性特征），例如身份一旦形成，就存在一定的"惯性"。但是，身份（包括形象）属于一个心理学与社会学交叉、带有一定自我认知色彩的概念，尽管它目前也常常被社会学属性浓厚的领域作为重要议题进行研究并进行了相应的拓展（Gioia, et al., 2013; Greenwood, et al., 2011; Kodeih and Greenwood, 2014），但它还是不同于其他一些常见的组织历史性因素，如组织惯性（inertia）和印记（imprinting），后两者基本上属于（组织）社会学的概念，因此，许多研究组织历史性因素的文献中，虽然也会涉及身份，但较少进行专题研讨。

2. 组织惯性

组织惯性是源自组织生态学的一个重要概念。在 Hannan and Freeman（1977）这一组织生态学的开拓性研究中，论及组织变革时，他们就指出了存在着限制变革的惯性问题，尤其是组织结构中存在导致惯性的因素或内容，或者说，在组织生态理论中谈论得更多的是结构惯性（structural inertia）。

Hannan and Freeman（1984）又专题分析了（结构）惯性如何影响并作用于组织的结构。他们认为，环境选择要求组织结构具有一定的确定性与可靠性，但是，这一点却同步形塑了组织的惯性，从而不利于组织的变革。不过，他们也指出，虽然惯性对于组织变革会起明显的阻碍作用，但是，存在惯性并不意味着组织永不变革，惯性事实上是一种相对于环境变化而言组织变化程度的概念，是一种相对性的概念，它代表着组织会在什么程度上发生变革，以及什么会促使其变革。按照上述逻辑，他们在讨论结构惯性与组织年龄、组织规模、复杂性等方面的关系时，就认为成立时间长、规模大的组织，其惯性可能就比较大，进行变革的阻力就较大，变革就比较困难。但是，他们又认为组织的结构惯性在不同的环境之中是不一致的。例如，在一个变动较快的环境中，某个组织可能会表现出较为明显的惯性；但是，在另一个变动相对较慢的环境之中，该组织并不见得就一定会表现出明显的惯性问题。

Zuzul and Tripsas（2020）运用单案例研究方法，在研究新创企业创始人角色认同与定位对组织惯性的影响时，也对组织的惯性进行了分析。她们认为组织的惯性来自三个方面：第一个是组织在其发展过程中形成了一些特定的机制、结构，这些机制与结构决定了组织的决策模式与行为方式，使得组织的发展与特点按照某种相对稳定的方式与风格得以维持。第二个是组织在发展过程中积累了一定的资源，这种资源积累一方面可以提升组织的竞争与发展基础；另一方面也代表了组织的发展历程与历史逻辑，因而容易形成一种资源刚性现象，进而促使组织惯性的产生。理解这一类惯性产生的理论逻辑基础是资源基础观。第三个是组织发展过程中的一些知识、惯例与习惯等会储存在组织内部，日积月累构成一种积累性的机制，促使企业按照某种惯性发展下去。理解这一类惯性产生的理论逻辑基础是卡耐基学派的组织学习视角。

综合来说，尽管并非一项理论思辨性研究，但 Zuzul and Tripsas（2020）对于组织惯性的讨论是目前较为清晰、全面的梳理了。因此，对于组织惯性的理解需要从多个角度考量，其来源有多种，既有蕴含于组织结构与机制之上的惯性因素，也有在学习与资源积累过程中形成的一些知识、经验与记忆，这些知识、经验与记忆被储存于组织流程之中，成为组织的各类无形资产，共同变成了组织的惯性因素。

3. 路径依赖（path dependence）

路径依赖现象在我们身边并不鲜见，例如现代铁路上两根铁轨的宽度便是历史承继下来的，并非完全科学设计出来的结果。人们通常将路径依赖视作过去对组织行为的持续作用，不过关于路径依赖清晰、具体、可操作的严格定义及其相关机制的研究是缺失的。Sydow，Schreyögg and Koch（2009）对此进行了深入系统的分析，是关于组织路径依赖问题的较具代表性的研究，也是引用率很高的理论性论文，曾获得过 AMR 2019 年的十年论文奖。这篇论文为我们打开了组织路径依赖的内在机制之谜，解开了组织何以被锁定（lock - in）在某种特定机制之上的逻辑机理，在组织路径依赖与锁定之间建立了理论连接。下面重点结合该研究，对组织路径依赖问题做一个初步的介绍。

Sydow, Schreyögg and Koch（2009）认为，路径依赖不仅仅是与组织的惯性及历史等相关，可能还包含着某种特定的机制，例如，其中可能隐存持续沿承的机制以及锁定性的行为模式等。

事实上，Sydow, Schreyögg and Koch（2009）并不认为组织一开始就会进入一种毫无选择余地的锁定效应之中，他们指出，刚开始的时候，组织是拥有诸多选择的，既然有选择，就意味着同时伴有许多不确定性与不可预见性。随着组织不断探索与尝试，一条较为清晰的发展路径逐渐浮现，从而使得组织开始进入一种"自我强化过程"（self-reinforcing processes），这条路径日益增强与突显，成为组织所倚重的选择之一。组织沿此发展下去，最终被锁定在某种模式之中，即视野范畴之内再无可选择的余地。

在 Sydow, Schreyögg and Koch（2009）的框架模型里，自我强化机制包括了协作效应、互补效应、学习效应和适应性期望效应，这些效应叠加出一种正回报与正反馈，驱动组织不断强化既定模式与路径，当达到一定程度时，这种正回报便突然转换成一种使组织难以逃离的力量，从而将组织锁定在该模式与路径之中。

Sydow, Schreyögg and Koch（2009）进一步指出，既然路径依赖被视作一种持续的、别无选择的锁定效应，那么，任何打破路径依赖的可能性事实上都与路径依赖本身的概念内涵与定义相左，因为路径依赖基本等同于锁定，可见，路径依赖与打破路径依赖似乎是无法置于一个框架之内。或者，换句话说，只要锁定在某种路径之中，依赖该路径内在因素、机制与力量，是难以走出这种路径的，但是，客观世界中任何路径又都不可能永久不变，一种比较可能的情况是引入外部力量或受外部因素干扰直至解锁原有的自在强化机制，从而解除锁定、跳出该路径。

在 Sydow，Schreyögg and Koch（2009）获得 AMR 2019 年十年论文奖之后，按照惯例，他们获邀写了一篇进一步阐述与完善其组织路径依赖机制的论文，即 Sydow，Schreyögg and Koch（2020）。在该文中，他们对其所阐述的组织路径依赖机制进行了补充说明，厘清了路径依赖与其他一些相关理论思路之间的关系。他们指出，尽管路径依赖本质上反映的是过去对当前以及未来行为的一种持续性作用，而且路径依赖中或许包含了资源基础观所说的正向效应（即长期逐步积累的异质性资源可以给组织带来可持续性的竞争优势），但是，它是一种比资源基础观所说的负向效应更为值得警惕的机制。在路径依赖机制中，资源整体上最终呈现的是一种刚性特征，总体发挥着一种负向效应，无法生成灵活性和适应性，从整体、长期来看使得组织最终发展的可选择余地非常有限，无法适应外部环境的新要求，将组织锁定在某种轨道上。当然，Sydow，Schreyögg and Koch（2020）也提到了动态能力理论或许可以改变资源基础观中资源刚性问题，使得资源可以较好地应外部环境的变化而调整，因此人们或许以为动态能力理论可以整合进他们所提出的路径依赖模型（Sydow，Schreyögg and Koch，2009）之中，但他们对此予以明确的否定。他们认为，两者如果可以整合并以此改变路径依赖机制中的发展困局，那么，这本身就不符合路径依赖模型的本意，即最终以锁定效应使得组织固定在某种模式之中无法变动与逃离。

总体上来看，Sydow，Schreyögg and Koch（2009，2020）对于组织路径依赖现象的分析是相当系统而又清晰简约的，其中所阐述的自我强化机制、锁定机制、正向效应突然转变为负向效应、难以自我逃离而需借助外界力量的思路与观点相当深刻，很有价值，值得细细品味。

4. 组织印记

组织印记的概念用来描述组织在创立时，其所处的环境特征对该组织后续成长与发展的持久影响或作用。具体而言，组织印记可以用来概括解释这样一种现象：为什么在某个时期同时创立的组织会具有类似的特征？

组织印记现象最早是由 Stinchcombe（1965）总结出来的。

组织印记可以与人们的行为模式与行为特征相类比。例如"儿时的记忆""原生家庭"对一个人后续的成长发挥着非常持久的作用，就如同人身上的胎记一般难以抹去。再例如，人们出生的地域及不同的风俗习惯也会对人们的行为习惯产生长久的影响，体现了一种历史影响现在与未来的特征。同理，一个组织也是这样，例如，创立于新中国成立初期的组织或许与改革开放之后创立的组织大不相同，而差不多同一时期创立的组织之间都具有较强的相似性。再例如，创立于东南沿海经济发达地区的企业就会与创立于内陆经济欠发达地区的企业有所区别。这些印记现象体现了一种出生时的"烙印"特征，如同一种"刻在骨子里"的或是"印在脑海中"的因素。

Marquis and Tilcsik（2013）曾对印记进行了详细系统的评述，提出了一个多层次理论框架。其中，他们给予印记如下定义："（印记是）某个短暂敏感期中的一个过程，在该过程中焦点单位构建了一些反映环境凸显之处的特点，而这些特点会持续遗存下去，不论（组织）后续（发展）面临的环境（是否存在）显著的变化。"他们在文中指出，印记并非只在组织创立期才会内附于组织之上，在组织成长与发展过程中存在着若干敏感期（sensitive period），每一个敏感期都会给组织打上该时期特定的烙印。所谓的敏感期，是指一个较为短暂的但是对组织发展提供了一个不一样环境特征及重要影响因素的时期，例如并购期、数字化转型期、高管变更期等。至于什么算是影响组织发展的重要印记要素，则很难枚举，但是，根据 Marquis and Tilcsik（2013）的概括，一般包括组织创立时或敏感期的创始人/CEO/高管人员特征、经济、技术、社会、文化、制度等方面的特定要素等。

尽管印记是一种相对持久性的遗留特征或因素，但是，目前没有证据表明它会永久持续地发挥作用、永不消解，不过，也没有证据表明它必定会随时间流逝而削弱，事实上，可能的机制是，随着时间的推移，印记看似削弱或消解了，但它更可能是像"冬眠"了一般，在合适的时间和情境下会重新显现，甚至可以像基因剪辑一样被编辑、组合，从而促使组织精妙地应对不同的环境变化要求（Sinha et al., 2020；Sasaki et al., 2020）。目前关于印记的研究方兴未艾，是一个值得大力探索的理论话题。

表5-2对惯性、路径依赖、印记这三个有着一定关联性、比较容易混淆的概念进行了对比。

表5-2 惯性、路径依赖、印记概念比较

概念	经典定义	核心要点	随时间变化特征	改变方式	有无能动性（agency）
惯性	"较低的组织适应性、灵活性"（Hannan and Freeman, 1977）	组织成长+缺乏环境应对动能	逐步增强	内生或外生	有
路径依赖	"建立在先前决策和正向反馈过程下，但却是意料之外的结果中的一种固化的、潜在无效的行动模式"（Sydow, Schreyögg and Koch, 2009）	自我强化+锁定	稳定固化	外生	基本无
印记	"某个短暂敏感期中的一个过程，在该过程中焦点单位构建了一些反映环境突显之处的特点，而这些特点会持续遗存下去，不论（组织）后续（发展）面临的环境（是否存在）显著的变化"（Marquis and Tilcsik, 2013）	创立期+敏感期（尤其前者）	增强或削弱或不变	内生或外生	有

5. 悖论

在我们的生活与工作中，经常会感受到许多相对立的场景或决策情境，例如，黑和白、阴和阳、内和外、美和丑、远和近、大和小、阴和晴、明和暗、方和圆、对和错、闹与静、曲和直、清晰与模糊、柔性与刚性、变动与稳定、内敛与发散、开拓与守成、长期与短期、集体与个人、宏观与微观、集中与分散、短暂与持久……这些场景或决策情境所指向的内核便是当下组织研究中经常涉及的悖论（paradox）。

事实上，悖论思想由来已久，并非近些年来才被人们所强调，可以追溯至古希腊时期的哲学思想以及中国道家的太极阴阳思想。道家阴阳"双鱼图"往往被拿来作为悖论思想的例证（Schad et al., 2016；Smith and Lewis, 2011；Lewis, 2000）。

关于什么是悖论，认知可能各不相同，但总体上来看，组织研究领域中对于其本质内涵的理解目前差别不大。Smith and Lewis（2011）和 Schad et al.（2016）及 Lewis（2000）认为悖论中存在着两种相矛盾的因素，但它们相互之间又存在某种内在关联性，就像是一个硬币的两面，这就构成了一种一体两面性（dualities），从而相互之间总体上体现了某种内在的紧张关系（tension）。Smith and Lewis（2011）和 Lewis（2000）特别指出，悖论不仅可以被视作那些既相互冲突但同时又存在相互关联或依赖关系的因素与力量，更重要的是，这些因素与力量共存于一个系统之中，当他们被分别单独拿出来看的话，每一个都是常见的、合乎逻辑的、易于理解与应对的，但如果把它们摆放在一起考虑时，整体上却又显得荒诞不经、不合逻辑。

悖论研究往往被同时用于和其他一些相关的理念概念进行比较。相关研究认为，除了悖论式的矛盾紧张关系，还存在着其他一些类似但却不同、容易被混淆的矛盾紧张关系，例如 Smith and Lewis（2011）和 Schad et al.（2016）区分了悖论与对立统一辩证法（dialectic）之间的异同，Smith and Lewis（2011）也对两难困境（dilemma）的内涵进行了界定。对立统一辩证法被认为是一种看待问题与解决矛盾的方法，往往通过对立双方的角度与论点来理解某个问题，并在此基础之上根据两者的相似点统一形成新的总体性论点，从而消解此前的矛盾关系。这和悖论内涵是不同的，在悖论视角下,这并未结束,此新的论点相对应还会再产生另一个对立性的论点,然后又会在此基础上根据两者的相似点再统一综合出一个更新的整体性论点,如此推演下去。因此,从长期及动态性来看,悖论关系总是存在而无法消弭的。而两难困境是指,面对某种相对立的有待选择的情境,必须选择其中之一的局面,因此,两难困境中存在如何权衡的问题,也就是如何在不同选项中进行决策的问题。此外,Schad et al.(2016)还特别指出,一体两面性在传统的研究中也是较为常见的一个议题,它大多数时候和悖论相似,但有细微差别。例如,一体两面性有的时候更强调对立因素之间的内在关联性,而不太关注其相互之间的冲突性与矛盾紧张关系。Putnam, Fairhurst and Banghart(2016)对悖论、一体两面性、对立统一辩证法进行了界定,总体来看,其界定和前述并无本质区别,只是更为详细全面了一些,不过,其特别给出了悖论中处于核心位置的矛盾紧张关系(tension)、矛盾抵触关系(contradictory)的内涵界定,认为矛盾紧张是"组织情境中决策、应对与运行时的压力、焦虑、不适或紧绷",而矛盾抵触是"既排斥又依赖的相对立的两个极端"。

Smith and Lewis(2011)对悖论理论与传统分析思维下的权变理论进行了区别,她们指出,现实生活中,许多因素相互之间都存在某种冲突(conflict)、矛盾抵触(contradictory)、不一致(inconsistent)、不兼容(incompatible)或矛盾紧张(tension)关系,传统的处理这类关系的理论往往是权变理论,但是这种理论的核心思想是考虑如何在这些因素之间进行选择,从而消解掉上述紧张关系。但显然,上述关系往往很难被消解掉,因而,人们有必要转换思维方式,从原先的、传统的简单消除思路调整为如何拥抱这种关系,在正视其存在的前提下更好地管理、协调与运用它们,从而产出传统管理方式下无法形成的新的发展潜能与动能。这些因素及其相互之间所构成的关系便是一种悖论现象,是研究与管理当前复杂动态环境、环境与组织关系、组织自身行为以及组织内部机制的新的、重要的思维方式与理论视角。根据 Smith and Lewis（2011）的观点，简单而言，悖论的核心所在就是矛盾紧张的关系（tension），悖论视角下的理论分析关键就在于拥抱并应对这种关系。

为了较好地、更为具体地理解悖论现象，Lewis（2000）在文中描绘了三种基本而又常见的悖论现象：学习（learning）悖论、组织（organizing）悖论、归属（belonging）悖论，分别对应于如何应对新与旧、控制与灵活、自我与他人的悖论性因素与力量，并对这三种悖论现象的内在机制进行了详细系统的剖析与探讨。Smith and Lewis（2011）以此为基础，又增加了如何实现组织多元性目标（goal）的履行（performing）悖论，这一悖论更多地关注组织满足外部不同相关者或要求的情况。这四个方面构成了较为完整的组织悖论活动及其应对的思维特征图。

总体上来看，悖论具有以下主要特征及需要特别对待之处。

悖论的核心根本在于两点，即因素之间既矛盾冲突但又相互内在关联（Schad et al.，2016；Smith and Lewis，2011；Lewis，2000），因此，处理好悖论，也就为许多传统思维下难以协调与解决的但又必须在一处的因素或机制提供极好的突破点。例如，探索和应用是一对最为经典的悖论式因素或机制，在 March（1991）提出组织学习的这两种机制时，强调同时开展这两种学习对组织非常重要，此即组织与战略研究中的组织双元（ambidexterity）（Benner and Tushman，2003）。在马奇看来，探索与应用对组织都非常重要，离开了哪一种都不利于组织的持续发展，因此有必要在组织中同时开展两种活动，但是，这两种活动之间存在某种不相容性，因为它们相互竞争组织中稀缺的资源，侧重于其中之一就意味着弱化了另一方面。如何同时开展这两种活动，是组织研究中非常重要的话题。以悖论视角来研究探索与应用如何共存共生，是情理之中的事情，因为悖论就是将相矛盾但又互相关联的因素融于一体的思路，这对于研究这两种学习机制很有启发。

悖论强调"你中有我，我中有你"，"你"和"我"难以简单、绝对、清晰地区分，体现的是相对立因素之间难以分割与界线模糊的特性，因此，任何非此即彼、线性简化的思维都不符合悖论的基本出发点。从这一点可以看出，"共生"如果放在悖论思维下是不难导出的，也容易理解其逻辑内涵。悖论思维正在对战略研究与战略决策形成较大的冲击。例如，如果将此悖论思维用于战略分析，则会对波特的竞争战略理论产生极大的挑战，因为波特的战略理论强调定位，背后的深层逻辑是清晰的选择而不是模糊的处理，在此情景下，悖论理论和波特的竞争战略理论之间关系如何看待，前者会是对后者的替代还是补充？这一点值得我们思考。

悖论只能接受、运用而不能完全得以消解，或者说，对立、冲突、矛盾、紧张、抵触等关系始终存在，这是我们组织管理者必须充分理解与正视的。事实上，Smith and Lewis（2011）对于悖论的定义是："悖论是相互矛盾但又相互关联的因素，这些因素随时间流逝会持续存在。"Schad et al.（2016）对悖论的定义非常简洁，认为"悖论是相关联因素之间的持久性矛盾冲突"。这些经典的定义鲜明地告知我们悖论具有持久性（持续性）的特征。基于这一点，管理者面对无处不在的悖论问题时，如何在悖论局面（与过程）中巧妙地适应、协调与发挥便是一个巨大的考验。这就如同组织中的非正式组织一样，非正式组织始终是存在的，任何试图将非正式组织消解为零的努力都是徒劳无益的，合理的方式是在认识到其存在价值的情况下加以有效地调用。

悖论呈现了一种特殊的动态性思维。在悖论思维中，矛盾对立的因素之间可以相互转化，就如太极图隐含的意思一样，双方的情势并非固定不变的，攻守与阴阳在于不同的理解角度以及不同的阶段，这种动态性也可以被视作一种转化性，风险之中往往孕育着机会，因此，任何静止、机械地看待因素之间关系的思维都是与悖论本质相背离的。

悖论强调整体性与复杂性，认为相关联的因素应该置于一个较完整的系统以及较高的层次上才好深刻理解,任何对这些因素之间关系进行单纯的简化处理都是片面、经不起考验的。我们知道,当下组织面对的环境日益复杂、模糊、动态,变动性与多样性是环境的显著特征,在这种背景下,明显带有整体性特征的悖论思维正是当下所需要的一种管理思维,因此,悖论的思想与理论近些年来日益受到关注。Smith and Lewis(2011)获得2021年AMR十年论文奖,在此之前,Lewis(2000)获得AMR年度最佳论文奖,以及 Academy of Management Annals 于2016年罕见地推出两篇关于组织悖论研究的长篇综述(Schad et al.,2016;Putnam,Fairhurst and Banghart,2016),这些都说明组织悖论研究已经完全摆脱早期那种受质疑的尴尬地位了(Poole and Van de Ven,1989),并已成为组织理论领域的主流议题之一,甚至已经不仅仅是一种悖论视角,而可以上升为悖论理论了(Lewis and Smith,2022)。特别值得注意的是,西方学者在构建组织悖论理论(Smith and Lewis,2011;Lewis,2000)时,充分吸收并借鉴了大量的中国传统哲学思想(例如阴阳、太极等)。并且我们也知道,东西方在思维上呈现一定的差异,例如西方人胜在逻辑性与分解性,而中国人则强在整体性与完整性,而后者正是悖论思维的核心特质之一,因此,中国传统哲学思想和中国人的某些思维特征可以有效地给予悖论研究较好的启示,这一点很值得我们去进一步探索与拓展。

关于悖论的研究方兴未艾。根据Schad et al.(2016)的分析与讨论,尽管目前对于悖论的研究已有长足进步,但仍然存在较多不足,主要体现在学界对于悖论的研究重在悖论的类型而轻于悖论内的关系,长于集体性问题而弱于个体性问题,集中于结果性分析而少于动态性过程,这些不足意味着这一理论领域有着较大的发展空间和较好的发展潜力。

六、生态系统

生态系统(ecosystem)是近些年来新兴的、颇受关注的概念,我们可以结合一个经典的案例来形象地介绍它的内涵。

稍微年长些的人都知道，20世纪70—80年代，家用电子消费品市场是日本企业绝对控制下的领域，日本的索尼、松下、三洋、东芝、日立、夏普等都是当时人们所熟悉的家电品牌。这些日本企业不仅与国际同行进行竞争，它们相互之间也存在着激烈的竞争，其中索尼Betamax录像机与松下VHS录像机之间的制式大战堪称商战经典，曾是各个商学院（管理学院）课堂上广为研讨的商业案例，也是实务界人士不断研习的实战故事。

故事的梗概如下。

索尼于20世纪70年代中后期率先研发出Betamax制式录像机，可以刻录电视节目进行回放。如果对曾经的索尼比较了解的话，就知道那时索尼的定位是一家追求创新、产品质量过硬、技术领先的先锋型企业，那么，按此逻辑来理解，就不难想象Betamax录像机在技术、质量上应该是很优秀的。而且索尼的产品销售都有自己的独特策略，都是在自己的品牌专营店里向消费者进行销售。但是，刚开始时，消费者并没有被立刻激发起强烈的购买意向，其中一个重要原因在于虽然基于该录像机的配套录像带可以播放索尼自己制作好的视频或者录播电视节目，但功能还是相对有限的。

Betamax录像机面市不久，索尼的竞争对手松下也推出了自己的VHS制式录像机，这是一种与Betamax录像机制式不兼容的新产品。两种制式录像机及各自所配套录像带的技术细节在此不作讨论，仅从产品性能与功能来看：由于技术路线不同，1盒VHS制式录像带可以录播2个小时，1盒Betamax制式录像带仅可以录播1个小时；前者在技术与画面品质方面略微弱于后者，但对非专业消费者（或非"发烧友"）而言这一差别并不明显，消费者显然更关心录播时长。

熟悉索尼企业风格的人都知道，索尼倾向于走自己的技术路线，许多技术在自己的产品系统里是相互支持与通用的，但是不轻易向外部开放，兼容性较低，因此，Betamax录像机的合作联盟企业较少，加入索尼制式阵营的企业数量也较少。松下则不同，它不但努力联合其他企业与合作者加入自己的阵营一起应用、生产或支持 VHS 技术（产品），还与美国大型电影公司达成协议，专门用 VHS 录像带制作其拥有知识产权的好莱坞经典大片。更重要的是，松下还支持合作者在各地开设录像带租赁加盟连锁店，专门以较低的价格出租好莱坞经典大片的 VHS 录像带。事实证明，人们使用录像带的目的似乎更是为了观看各类已经制作好的影视作品，而不是自己刻录节目，而这正与松下采取的扩张市场的模式相匹配。

经过几年的竞争，结果是松下的 VHS 制式录像机完全战胜了索尼的 Betamax 制式录像机，将索尼相关产品基本上赶出了市场。后来我们使用的家庭录像系统就是松下的 VHS 制式系统，我们用来播放影视作品的录像带便是 VHS 制式录像带（黑色、砖头大小）。当然，后来 VHS 录像机及录像带在我们国家没有流行太长时间也被淘汰了，因为市场上出现了更受欢迎的 VCD、DVD 产品。

传统思维中，对于这一案例的研讨重点无非展示如何定位产品功能与消费需求、合作联盟的重要性、技术占优并不必然取胜于市场、竞争的最高境界是制式胜出等，而且随着这些基本知识的普及与时间的推移，这一案例的研讨价值日益消减，并逐步被人们所遗忘。

不过，如果再深入思考，这一案例或许还有其他启示。松下的成功与索尼的失败，并非仅仅是上述传统因素就可以诠释清楚的，关键点可能在于松下构建了一种系统性优势，但究竟是一种什么样的系统性优势，在当时没有弄清楚。

随着近年来生态系统概念不断进入人们的视野，相关理论也开始受到学术界的特别关注，回过头来再审视上述案例，便会发现它正是一个典型的生态系统案例！松下的成功不在于技术领先与产品过硬，也不完全是它的合作联盟策略，很大程度上是因为它构建了一个以自己为中心的生态系统。如果运用生态系统的概念研习这个传统案例，便会发现诸多原来无法诠释的潜在关键要素。

管理学领域最早关于（商业）生态系统的概念是由 James F. Moore 于 1993 年正式提出来的，认为它是企业获取成功的一种重要的新模式。这一概念虽然在当时有其前瞻性，但由于在传统产业与经济体系中，生态系统的例子虽存在，但其形成的可能性却并不突显，因此这种例子被发现大多是偶发的，直到互联网技术蓬勃发展、数字经济特征日益显现、各类平台不断被推出时，大量生态系统现象才涌现出来，例如苹果的生态系统、谷歌的生态系统、腾讯的生态系统等。这些生态系统中核心企业的成长与发展直接建基于这种系统性架构之上，生态系统中的其他成员企业亦获益不少，从而引发了实务界乃至学术界的大量关注，从理论角度对生态系统的研究自此成为新兴前沿领域之一。

之所以说上述松下与索尼的案例体现的是生态系统的概念与逻辑，在于它突出地呈现出了以下一些特征：

松下与其各个互动方以及各互动方之间构成的是一种互补性关系。松下与其录像机和录像带、一起共同生产录像机与录像带的其他厂商、录有影视作品的录像带与影视公司、录像带租赁店铺等形成了一个系统性互动结构。这些关联要素背后的行为主体之间构成的并不是一种网络关系（Shipilov and Gawer, 2020），也不是纯粹的市场交易关系，而是相互之间具有不同程度互补性的互动关系，离开了哪一方都会使系统效应减少甚至消失（Jacobides, Cennamo and Gawer, 2018；Shipilov and Gawer, 2020）。

松下的重要关联方之间的关系具有特定性。这里所谓的特定性，是指他们之间的关系不具有通用性（Jacobides, Cennamo and Gawer, 2018）。例如录像带租赁店只能匹配于松下这种录有影视作品的 VHS 录像带而存在。虽然都是相对特定对象而言的概念，但这种特定的非通用关系并不简单等同于威廉姆森交易费用理论里的资产专用性（Williamson, 1985），因为资产专用性是对应人性机会主义假设而给出的概念，是需要契约进行关系规治的，而关系特定性（或非通用性）是因为生态系统的"模块化"（Jacobides, Cennamo and Gawer, 2018）诉求而衍生出来的概念。模块化意味着只有匹配某种平台或核心特有产品功能、特征的要素（成员）才能加入生态系统，从而在生态系统之中建立多方联系（Jacobides, Cennamo and Gawer, 2018），因此这种多方联系是略微区别于资产专用性所依存的那种双方联系的。此外，这种特定性的关系并非意味着绝对的锁定性，成员相互之间是有一定自主性的（Jacobides, Cennamo and Gawer, 2018），可以自由决策、自主决定是否加入以及离开系统，这也是和资产专用性不同的地方。但是，由于都是关于特定关系的概念，因而从这个意义上来说具有一定的相似性。

从案例中可以看出，松下毫无疑问是该系统的核心角色，没有松下的努力构建行为，这一生态系统是无法建立起来的。因此，生态系统必然会有核心成员（大多数情况下是单核心，少数情况也会出现多核心）来扮演重要构建角色（Adner, 2017；Jacobides, Cennamo and Gawer, 2018；Shipilov and Gawer, 2020）。

松下是否自开始阶段就意识到需要主动构建生态系统？谈到核心角色及其构建行为，便又涉及另一个关于生态系统的重要话题：生态系统到底是自己浮现出来的，还是主动构建出来的？显然，松下的案例显示，这个生态系统是构建出来的。但是，这可能并非故事的全部，因为并不能完全排除生态系统自我浮现的可能性，或者说，它可能是一种构建为主、浮现为辅的过程。另外，松下刚一开始可能也是茫然无助、一步步摸索，直到竞争模式有了良好苗头才恍然大悟，从而开始自主构建生态系统的，谁又知道呢？关于这方面的一个最新研究可参阅 Stonig, Schmid and Müller-Stewens（2022）。

松下构建的生态系统是一种多维的结构。生态系统之所以成为目前人们公认的新的理论概念，在于它确实和传统的概念有着质的区别。例如，松下成功的背后是一个系统性架构，这种架构具有多维特性，或者又称为多边关系（Adner，2017）。联盟关系是两个企业或组织之间的合作关系，供应链是一种垂直性的两两之间的关系，而生态系统是多种类型成员之间的多边关系（Shipilov and Gawer，2020；Adner，2017；Jacobides，Cennamo and Gawer，2018）。如果将生态系统中的关系降为两维，这种结构对应的就是联盟关系、供应链关系，可见，前者和后两者有着质的差别（Shipilov and Gawer，2020）。因此，松下的这个成功案例如果仅从联盟或者上下游供应链关系甚至价值链角度来理解，显然会缺失部分内容。

松下的成功并不是仅仅着眼于自己的收益最大化。案例结果显示松下是成功了，但是，它从一开始便不是仅仅追求自己收益的最大化，而是通过寻求特有的方案，建立特定系统，吸引更多的相关方加入己方阵营，共同努力，通过为消费者提供更具价值的特有产品获得发展。显然，索尼在这方面就缺失很多，其在产品价值创造与提升方面确实要略输松下一筹。松下的这种思维与做法便是其成功的主线——提供新的价值主张（Adner，2017；Jacobides，Cennamo and Gawer，2018），而这正是生态系统存在的基本要义。

松下的成功并非个体的成功。显然，案例中的松下能够战胜索尼，根本原因不在于松下自身的竞争优势，而在于整体性系统优势明显要强于索尼，而这正是生态系统的价值所在。这一点对于数字经济时代的企业而言尤其重要，因为数字化平台大量涌现、技术创新压力不断增加的现象特征，正是生态系统可以发挥重要作用的情境所在。如何构建并依据生态系统展开竞争并获取成功亟待企业认真思考，这一点对大企业有效，对中小企业亦极具启示性。

第 6 章

组织理论现状与发展

一、组织理论的现状：理论为何难以与时俱进？

在讲授组织与管理类课程时，感觉"最头疼的"是要不停地更新教案。不断更新教案是对老师的基本要求之一，这里所谓"最头疼的"指的是对教案素材的"被动"更新。

相信商学院或管理学院的老师或多或少都有过相似的经历：前两年为展示某种理论的功效还在当作案例讲的某个成功企业，现在却不再成功甚至成为质疑的对象。例如，曾经被视为先锋型公司代表而用来佐证某个理论或观点的索尼公司，现在却面临着外界的"唱衰"；近些年让人为之"痴迷"的苹果公司，竟然也被发现正悄然出现在了"创新乏力"的后备名单之中。令人有些难堪的是，课堂上曾经引为成功企业的经典案例，现在似乎已变成失败的典型案例。

我们必须采取应对策略以避免类似尴尬。"巧妙"的做法显然不是改变我们的理论去适应企业实践的发展，因为我们发现课程中依然需要讲授许多"千年不变"的理论。我们并非不想在课程中更新或引入新理论，但举目四望，不得不感叹，理论还得是那个理论，或许，实践在日新月异？……于是，不断寻找"合适的"案例以配合课程内容便成为自然而然的一种选择。

尴尬起自哪里？是企业在实践中没有按照理论所启示的那样去运作？

还是说既有理论并不能保证诠释企业运作的整个流程？显然，实践是丰富多彩的，我们不能削足适履地要求实践去满足理论的逻辑，事实上，这或许是管理学领域有别于自然科学领域的最重要区别之一吧。

2006 年，James P. Walsh、Alan D. Meyer 和 Claudia Bird Schoonhoven 三位组织研究领域的知名学者在 *Organization Science* 上，就组织理论为什么难以诠释管理实践等话题发表了一篇评论性论文。在文中，他们介绍了美国管理学会（AOM）组织与管理理论分部 2005 年主席 Gerald Davis 提供的一组会议论文数据：投往 AOM 2005 年年会组织与管理理论分部的论文中，仅有一小部分（44%）能够明确给出其理论基础源自哪些被广泛接受的主要理论，大部分（56%）不能确定其研究的理论基础与那些主要理论有什么渊源。这组数据所体现的客观情况令人大跌眼镜——既有的基础性理论无法支撑广博的研究话题。在此基础上，上述三位作者认为组织研究需要变换思路：基于旧环境提出的理论不再完全适用于新的环境，现存理论所根植的时代背景因素已经逐渐消逝。他（她）们在文中也展示出，许多广为接受、影响深远的组织理论均产自 20 世纪 60 年代至 80 年代。如果借鉴该文的思路，当我们再将视角拓展至战略管理领域，发现类似规律也是存在的，这个时间段最多可以延展至 20 世纪 90 年代中后期。这篇论文给出的线索非常明显：一是组织与管理理论有其产生的时代与实践背景；二是很久没有影响广泛的理论产生了，尤其是在组织研究领域。如果我们把这两条线索有机结合在一起，会发现它们是相互关联的：后者告诉我们亟须进行理论创新了，而至于如何创新，前者可以给我们很好的启示。

毫无疑问，实践、环境、现象是展开组织相关研究的重要切入点。如果我们邀请来自管理实务界的各类人士，让他们尽可能多地列出关键词，来刻画时下最关切或已存在的管理新现象、新实践、新环境因素，学术研究者会不会从这些关键词中体验到一种震撼与疏离？是管理者离我们很远，还是我们离实际发生的管理"故事"很远？相同的道理，我们如果按照

Walsh，Meyer and Schoonhoven（2006）简要指出的那些基础性理论的产生背景，运用企业史的手法详尽那些已逝时代的企业环境关键词，得到的这两个关键词列表之间的交集会有多少？少于"44%"的情况会不会出现？

建议读者们去比较一下过去10年《财富》500强名单的变化（可以只关注前50强），不知大家是否会被名单的变化所震撼?! 是企业变化太大，还是背景变化太大导致企业变化太大？或许有一句广为流传但恕笔者难以确认出处的名言可以恰当地概括这种变化——"只有时代的企业，而没有永远成功的企业"。

当环境变化不断冲击着既有理论的原有基础时，我们是否还在以"不变的步伐"表演着自己心中所稔熟的"舞蹈"?!

Walsh，Meyer and Schoonhoven（2006）曾经这样评论："（面对新环境）答案在于转变我们的研究关注点。我们所发展的理解管理革命的理论不再拥有它们曾经拥有的魅力了。"Suddaby，Hardy and Huy（2011）也表达过类似的关切："管理实践的绝大多数创新性观点来自咨询、商业报刊、公司自己，而不是管理学者。"

因此，面对新环境，发展新理论而非巩固既有理论显然是重要出路。但究竟是什么造成新理论的难产？尽管关注新环境并提炼新线索是起始点，但事实上，如果简单地将原因归为忽视了对新环境的关切也许是过于乐观了，因为，我们身边就不乏研究者在全力捕捉新线索。

我们或许可以做一个联想：贝利、马拉多纳造就了足球运动中的传奇，但是当足球"理论"日臻完善、训练足够系统、体系足够"科学"之时，我们却遗憾地发现，再也难以产生像贝利、马拉多纳这样的"球王"式的人物了。那么，再回到组织与管理研究领域。一个事实或许无法回避：现在比以前难以产生新理论，是因为每一个小众领域都基本上被海量的文献、知识以及诸多理论所充斥，剩余给我们的理论创新"空间"确实不是那么多，但这却不是事实的全部。我们清楚了占据统治地位、广被接受的基础性理论产自特定的历史背景，它们更像是在诸多领域处于奠基阶段而形成的理论，无疑可以被视作"开疆拓土"式的理论。但当我们的理论大厦在它们的基础之上越盖越高时，超越它们的高度是何其之难？或者说，研究的基础、范式与范围都已被界定，如何超越（它们）？！超越奠基性宏大理论的学术环境究竟是日趋宽松还是日益艰辛，确是值得探讨的话题。对此话题的一种简单而又"符合逻辑"的回应会不会是"新理论不是那么容易产生的，它需要（极）长时间的酝酿与积累"？

如第1章所述，笔者曾为《管理理论构建论文集》（徐淑英、任兵和吕力，2016）翻译其中一章《那是有趣的！迈向社会学的现象学与现象学的社会学》（Davis，2016）。该章的核心思想是，一项研究（理论）最重要之处便是有趣，而产生有趣的最根本要义在于否定既有广为接受的观点。推而广之，新理论一般意味着对既有理论框架的突破与否定。

但当我们追求组织与管理研究中所强调的严谨与规范时，所有的论证与观点必须与既有理论相关联，必须系统而又复杂地用各种（领域）已被接受的论点来支撑，或者说，需要"合意地"嵌入既有学术体系中。笔者认为这套逻辑是有其学术"合法性"的，也是学术严谨性与层层推进性的重要体现，但是，当某种新思想和既有的概念、理论、思想等不仅在观点上不相融，而且在风格上也格格不入时，又如何能够按照传统套路得以建立并通过严格的学术期刊评审（当下，学术期刊发表是理论获得认可的最重要评价载体）？对于组织与管理研究，当你对现有理论引用越多（有时即使是为了否定它），越"合意地"嵌入某种体系中时，你的思想、观点、风格等可能越受限于现有理论，越有可能无法脱离既有的体系、框架与风格。这让人不得不想起一件事情，曾有学者号召学习某种经典研究方法论，以提升自己研究的新意。对此笔者当时的看法是：当你学习了这些"东西"（确实很重要）后，如果不把这些"东西"抛开，你就越难超越与突破，越难提出某种形式的新的"东西"来。

因此，提出新理论，不仅在于关注新实践、新背景、新现象，可能还在于如何容纳、引入更多新的否定既有"东西"的"否定"方式和风格等，只有这样，或许才会是组织与管理新理论得以不断产生的可能所在之一。

在企业管理研究的宏观领域，现在大家耳熟能详、广为引用的（西方）主流、经典的与组织成长相关理论，基本上出现于20世纪60年代至80年代，如企业行为理论（Cyert and March, 1963）、代理理论（Jensen and Meckling, 1976）、组织生态学（Hannan and Freeman, 1977）、资源依赖理论（Pfeffer and Salancik, 1978）、新制度理论（Meyer and Rowan, 1977; DiMaggio and Powell, 1983）、高阶梯队理论（Hambrick and Mason, 1984）、竞争战略理论与竞争优势理论（Porter, 1980; 1985）、交易费用理论（Williamson, 1985）等。上述理论集中形成的现象看似很奇特，但其逻辑线索却非常清晰：第二次世界大战后，美国（包括西欧）经济飞速发展的背后是各类组织工作类型的多样化、活动范围的扩大化、内容形式的复杂化、互动渠道的创新化等一系列管理实践革命（Walsh, Meyer and Schoonhoven, 2006）。随着强调与环境互动、关注竞争的组织成长需求的进一步显现，上述理论清单中又在20世纪90年代新增了资源基础理论（Barney, 1991）、动态能力理论（Teece, Pisano and Shuen, 1997）等，共同绘制了迄今为止最为壮观的组织研究理论生成图景。

当互联网时代来临，你会不会还在使用波特提出的经典竞争战略类型来解释企业的竞争？在运用这套思路之前，你需要回答：现在互联网企业有多少在自觉或不自觉地运用波特提出的低成本战略、差异化战略？有多少互联网企业的竞争可以完美地被这些经典战略所充分诠释？尽管需要与时俱进，我们是否有足够的高度提出、学界是否有足够"开放"来主动容纳新的哪怕是不那么"成熟"甚至（对"主流"来说）有点"另类"的解释呢？

时代在前进，理论将走向何方？我们在教学中面对的尴尬又将如何应对？

二、"关系"现象与中国组织研究概览

中国组织管理问题研究和国际相关管理研究工作虽然有着许多相似之处，但也有其独特性，具体体现在学者们更关心中国组织所处环境的独特性及其所蕴含理论的独特性上面。曾经，由于中国企业发展现状及管理水平等因素的限制，关于中国组织管理的研究往往将重点放在经济社会及组织活动中常见的"关系"（Guanxi）现象上，并以此作为"抓手"来洞察其中的独特理论问题（Jia，You and Du，2012）。

在中国，我们都对所谓的"关系"并不陌生，这是一个经常会遇到的现象，往往让人联想到社会网络与社会资本理论中的"社会联结（social tie）"，这两者之间有一定的相通性和相似性，但实际上两者还是有许多不太一样的地方。"关系"只能说是一个类似于中国版的"社会联结"概念，而不是完全相等于后者。例如，我们在路上遇到陌生人时，表现得都会很有距离感，不会马上像"熟人"一样互动与聊天；但在西方的话，走在路上的两个陌生人却可以会像"熟人"一样相互打招呼。如果把上述场景放置在电梯里，在西方，电梯里的陌生人打个招呼并无任何特殊含意；但在中国，电梯里陌生人的一声招呼却可能会让人感到紧张。为什么会是这样呢？原因之一是在中国，许多互动与深入交流往往存在于有一定"关系"而非仅有普通的"社会联结"的人们之间。

因此，著名社会学家费孝通先生就针对中国社会的这种特殊现象提出了一个概念"差序格局"（费孝通，2012）。费孝通先生是这样描述差序格局的：当向一池平静的湖水里扔进去一颗石子，那么，水面上随之会泛起一圈又一圈的涟漪，这些涟漪以石子入水处为中心逐渐向外扩散，这就是

差序格局。换句话说，费孝通先生认为，中国社会中人们之间的联系是以"自我"为中心、按照亲疏远近构成的一个又一个的圆。一般来说，处于核心的是"自我"的核心家庭成员；离"自我"最近的圆上分布的人属于最亲密的"熟人"；然后依次往外的圆上的"关系"会越来越疏远。这便是差序格局。这种差序格局现象决定了我们做事情与西方人是不一样的，在电梯里我们碰见陌生人如果主动招呼便会觉得有些违和感，是因为在大家的潜意识里已经形成了共识：两个没有任何"关系"的人是不应该有什么特别互动的，大多数情况下都是你走你的路、我走我的路。但是，你如果在电梯里碰见的是一个很熟悉的朋友，这个时候就一定不能装作没看见，而要非常主动、热情地打招呼了，因为你们之间存在着某些不一样的"关系"，你们是处于差序格局里相对内层的位置，你们之间的联结就与外层人员间的联结不一样了。

可以说，在差序格局现象的情境中，中国的"关系"虽然也是人与人之间的某种"关系联结"，但在有些方面还是与西方的"关系联结"有所区别。中国的"关系"最初的源泉在于乡土社会、亲缘关系，后面慢慢被"泛家族化"了，由此扩大而生成一种社会现象。例如，过去村里一些邻居都是"本家"，后来这个家族越来越大，随之某片地方都是家族的后代。那么，在这片地方，就要注意自己的行为规范，否则人家就在背后说你闲话，大家就不认同你。但是，进入现代社会后，虽然不存在周围住的人都源自一个家族的情况，但是"泛家族化"的情况相应会存在。例如，在大学里，学生们都习惯把看管宿舍的人叫"阿姨""叔叔"，实际上完全可以称呼为"某女士""某先生"，但没人去这样称呼，为什么呢？因为一称呼"阿姨""叔叔"就显得亲热，这样就拉近了彼此的距离。还有就是在日常生活中，大家互相称呼"哥""姐"，也是这个意思，这么称呼后马上就拉近了彼此的距离，显得格外亲切。

当然，不是说西方的"关系联结"并非不强调双方之间的特殊关系连接，而是他们不像前述差序格局现象形成一圈一圈清晰分明的关系层级，并试图将生活中的每个人都"嵌"于其中。中国的"关系"确有其独特之处。

如果给"关系"下个定义，则处在其中的核心因素应该是互惠，西方人经常提及的社会资本、社会网络中也是存在互惠内涵的，但是在中国"关系"现象中尤其强调这一点。因为一旦建立了"关系"，就意味着存在着不定期限、不定方式与途径的回报预期与义务，或者说，两个人之间有了某种"关系"之后，相互之间就少不了互相提携与帮助。中国文化中有一句话"滴水之恩，当涌泉相报"，表达的就是类似的意思。但是，需要指出的是，虽然你帮助了某一个人，你可以预期对方的回报，而且对方也有义务予以回报，但你却不能指定对方什么时候、以什么方式回报。不过有一点是清楚的，即你曾经帮助过的某个人在明明知道你需要帮助且可以帮助的时候却选择袖手旁观，这个时候双方的"关系"就会破裂，用现代的一句话说就是"友谊的小船说翻就翻"。不定期限、不定方式的回报预期决定了"关系"中的互惠成分减弱了其中的功利性色彩。除了互惠之处，信任当然也构成了"关系"中的另一个核心要素，这一点类似于社会网络与社会资本情境下的信任，前面已有详细的介绍，在此不再专门探讨。

不过，有人认为"关系"并非中国特有的现象。"关系"研究的著名学者 Douglas Guthrie 指出，"关系"现象并不一定只存在于中国情境中并为中国所独有，"关系"的存在是因为法律、制度等的不完善而造成的，因此，随着法律制度的完善，"关系"现象会逐步弱化，"关系"对于组织发展的作用效应会降低（Guthrie，1998）。但是华人学者杨美惠持不同观点，阐述了另一个理论逻辑。她眼中的"关系"是中国文化的特定产物，因此是与中国文化现象密切关联的，不能简单地归因于制度、法律等的不完善，所以随着法律、制度等的发展，"关系"的作用并不见得会越来越弱、发展到不存在"关系"现象的境地，或者说，"关系"是始终存在着的（Yang，

1994)。目前这一理论争论尚待进一步系统探讨与厘清。

国内外有大量的组织研究是围绕着"关系"现象而展开的,这其中产生了不少经典、影响力较大的研究文献。

Xin and Pearce(1996)的主标题就只简单地用了一个词,即"Guanxi",是国际顶级管理期刊专题研究组织"关系"问题的最早文献之一。这篇文章发现,在中国的企业中,私人企业拥有更多的政府关系,而国有企业不经常使用政府关系。

Boisot and Child(1996)认为,网络关系在中国有着独特的作用,发挥着重要的治理效用。因为中国社会中有很多隐性知识(指那些没有解码或难以解码的知识),如果想要了解这些知识,必须要对其进行解码,而解码的主要工具和途径是"关系",因此,如果想要了解一些稀缺的、高质量的信息,必须要有用来解码的"关系"渠道。

Peng and Luo(2000)研究了企业经理人员的关系联结对于企业成长的作用,发现中国企业经理人员的关系联结对于企业获取资源是有用的,但是对于企业提高利润却没有明显用处。这篇文章考察的是经理人员个人层面的关系联结与企业层面的绩效关系,他们认为前者应该归属于微观层面的因素,而后者则是一个宏观层面的因素,因此他们将此种关系称为"a micro-macro link",即"微观和宏观之间的连接",这是这篇文章的特色之一,充分体现了作者较强的理论建构能力。

Park and Luo(2001)有一条假设认为中国的民营企业比国有企业更多地运用了政府关系,这和 Xin and Pearce(1996)的理论假设本质上是相通的、一致的,但却和我们在日常生活中的感受相悖:国企本身拥有大量的政府关系,很难肯定地说民企就一定在这方面超越了国企,况且国企与政府处于相通的系统中,一个相通系统里的组织间关系怎么会少于系统内外不同组织之间的关系呢?这也不符合理论逻辑。基于这一理解,笔者与合作者对此进行了质疑,提出了替代性假设"国有企业经理比私企经理拥有更多的政府关系"，并对替代性假设的理论机制进行了论证与检验（Li et al.，2011）。

彭维刚的一篇关于"制度为基础的战略"（institution based strategy）的文章，引用率非常高，被视作制度为基础的战略观的奠基之作（Peng，2003）。这篇文章认为，中国企业在该文发表之时主要通过网络在规制交易，而西方企业主要通过契约来规制交易，但是，中国市场的企业交易量会日益增多，当交易量到达一定程度后，网络就是一种较为低效的规制交易的方式，从而就会转变成以契约为主的规制模式。

Xiao and Tsui（2007）将结构洞理论（Burt，1992）应用于中国集体主义文化情境中进行了研究，这也是一项从国家及组织文化角度探讨网络结构洞效应的理论边界的经典研究。该研究的理论假定是网络结构洞在集体主义文化情境下会为组织中的个体带来负效应而不是正效应，这一点构成了研究的基本出发点。此外，作为组织层面上的文化变量，组织承诺会进一步强化上述负效应，即高承诺的组织会比低承诺的组织让其中的个体的负效应更明显。该研究通过四个高科技企业的定量数据验证与支持了上述理论假设。这一研究对于理解理论的情境边界性以及中国情境的管理研究有着重要的启示意义。不过，该研究也有值得进一步思考之处，例如，该研究中针对的是结构洞是否会影响到组织中个体的职业绩效，但是，如果我们将研究角度换成组织层面的问题，例如企业成长绩效、企业资源获取等，那么，即使是在中国情境下，企业家的网络结构洞数量对于企业成长绩效、企业资源获取等的作用是正还是负，或许值得进一步商榷，我们会不会得出不同于 Xiao and Tsui（2007）的结果来呢？对于这一点可以留待未来去探索。

三、中国特色组织管理研究道路探索

在中国管理研究领域，与组织的"关系"研究大致同步讨论的是如何开展中国组织管理研究的问题,即中国特色组织管理研究道路的探索工作。

如何更好地研究中国组织管理实践是一个重要但又有很多争论的议题。中国组织管理实践相关问题具有其自身独特性(Li, 2019),已有的大量主流(西方)理论知识在中国不见得直接有效(姚小涛,2023;Tsui, 2004, 2006, 2007, 2009;Leung, 2009, 2012;Barney and Zhang, 2009;Tsang, 2009;Child, 2009;Whetten, 2009;Von Glinow and Teagarden, 2009;Xiao and Tsui, 2007),这是一个早已被学界大量探讨的话题,曾多次引起过对管理研究的反思,已形成了大体相对统一的认识,即中国组织管理问题与现象由于中国(人)的制度、文化、思维特征等的不同而具有一定的特殊性(井润田、贾良定和张玉利,2021;Barkema et al., 2015)。目前,西方主要学者也开始意识到,直接将中国管理相关问题简单等同于西方理论视域下的问题具有较高的风险性,直接套用西方主流理论的思路具有明显的局限性,并且承认以前对于中国管理问题的理解是不合适的(Bruton et al., 2022;Doh, 2015)。总体上看,相关的研究探索给了我们一个重要启示,那便是中国管理问题是管理研究重要的、必不可少的领域,确实具有另一番复杂的景象、存在着特殊的机制和理论,需要区别研究。

不过,在如何进行具体研究的思路、方式或"说法"等上面,却存在许多不同的观点与主张。例如,(深度)"情境化"研究主张,参见 Tsui(2004,2006,2007,2009)、Whetten(2009)、Child(2009)、Xiao and Tsui(2007)、Li et al. (2011)、Yao et al. (2009)、姚小涛(2023);"中国本土管理研究"主张,参见 Li et al. (2012)、Leung(2012)、Cheng, Wang and Huang(2019)、Tsui(2004,2006,2007,2009)、Zhang et al. (2012)、Li(2012)、李平(2010)、梁觉、李福荔(2010)、谭力文、宋晟欣(2015);以及"管理的中国理论"与"中国管理理论"说法,参见 Barney and Zhang(2009)等。尽管各自在范式和视角、方法上略有差别,但都属于对中国组织管理特定问题的深入探究与特色道路的探索。总体上来看,这种探索起步艰难,除了研究相对集中于"关系"现象之外,整个领域并未能贡献太多的理论与概念(Jia,You and Du,2012)。随着近些年来研究的发展与学者们的深入探索,对中国组织管理问题与现象的认知取得了一定的成果,例如和谐管理理论(席酉民、熊畅和刘鹏,2020)、二次创新理论(吴晓波,1995)、非对称性创新理论(魏江等,2017)、组织变革的阴阳模式(Jing and Van de Ven,2014)、悖论式领导(Zhang et al.,2015)、悖论式组织(姚小涛,2023)等。此外,也有大量研究利用中国管理资料与数据发表在国际期刊上(何佳讯、葛佳烨和张凡,2021;赵新元等,2021)。

可以说,对于中国特有情境因素下管理问题及现象的理解,已经明显超越了早期研究中缺乏足够深入、适宜理论支撑的局面,中国(人)特有"本土"思维与文化特征理论与概念(Chen,Friedman and McAllister,2017)也已大量进入分析视域,例如阴阳(Li,2012;Li et al.,2012;Fang,2012;Jing and Van de Ven,2014)、"关系"(Yang,1994;Xin and Pearce,1996;Park and Luo,2001)等。虽然以上各种观点、思路与主张之间略有差别,但整体上对于中国特色组织管理研究道路的探索工作目前已形成了一定的成果,具有一定的接受度与"合法性"(Li et al.,2012;Leung,2012;Barkema et al.,2015),即使是不同观点、思路与主张下的不同风格研究,也积累了不少的经验与认知,形成了许多理论成果(曹祖毅等,2017),对我们理解中国管理问题及其中具体的组织成长问题极有帮助。

尽管如此,上述研究整体上来看可能还是隐含着一些理论认知风险。例如,许多时候过于着急证明各自方法与认知的优劣而限制了相互之间的借鉴与融合,而借鉴与融合本身对研究的促进作用是必不可少的,例如主流(西方)理论中的"悖论"概念不能不说是融入了东方"阴阳"思维色彩的(Lewis,2000;Smith and Lewis,2011)。此外,其中一些"特色"研究探索过于强调"理论性"(Hambrick,2007),虽然我们不容置疑地认为基于中国管理实践应该产生一些(甚至许多的)中国原创理论,但是通过简单设立一个理论目标而直奔理论，会使研究带有过重的"理论驱动式"痕迹，即仅仅因某个或某方面理论不足而触发研究并将其作为研究的唯一出发点，这样就很容易陷入"为了提出理论而进行理论研究"的风险。这种风险的实质在于脱离实践场景而进行理论提炼，不符合管理理论源于实践的基本规律，从而最终落入难以摆脱的理论与实践脱节的窘境（Banks et al.，2016；Hambrick，2007；高良谋和高静美，2011；曹祖毅、谭力文和贾慧英，2018；曹祖毅等，2017；张玉利，2008；Schwarz and Stensaker，2016；Von Krogh, Rossi-Lamastra and Haefliger，2012；Doh，2015；Chen, Friedman and McAllister，2017）。这一风险在那些文献驱动式（尽管已明显注意并尽量避免）的所谓特色研究中更是明显。

四、数字化情境下对组织研究的重新审视

当下，人们已迎来一个全新的数字化（或称数智化）时代，人工智能、移动支付、云计算、大数据、物联网等新技术与新场景不断涌现，经济、社会系统中的数字化特征日益显现。数字化情境无疑构成了当下组织发展的一个关键性背景，组织发展离不开对数字化情境的响应、融合与借力，其活动特征、交易方式、互动渠道、创新模式、资源基础、能力来源等都发生着重大的变化（Baum and Haveman，2020；Adner, Puranam and Zhu，2019；Davis and DeWitt，2021；Park and Mithas，2020；Yoo et al.，2012；戚聿东和肖旭，2020；魏江、刘嘉玲和刘洋，2021；陈冬梅、王俐珍和陈安霓，2020；姚小涛等，2022）。

对组织研究而言，数字化情境由于蕴含大量待解释的新因素从而具有复杂性（Menz et al.，2021；Rahmati et al.，2021；Park and Mithas，2020；Bodrožić and Adler，2022），数字化情境下组织互动的便利性与迅捷性得到极大提升，互动空间与对象范围被"无限"放大，互动方式与模式发生

"颠覆式"创新,沟通潜能与效能获得空前激发,信息获取的速度与渠道不可思异地提升与扩展,环境变动性与不确定性明显增强……在此情境下,组织发展模式无疑也具有许多新特征,附带众多新属性,值得特别关注与重新审视(Amit and Han,2017;Adner,Puranam and Zhu,2019;Hanelt et al.,2021)。对于这些组织新模式或许(甚至当然)已有的理论、观点和知识可以用来解惑,但由于其新颖独特性及由此产生的复杂性,已有的理论、观点甚至方式、方法未必能够做到全面、深刻与有效,简单、直接套用旧思维与理论是有风险的,有时甚至是行不通的(Sætre and Van de Ven,2021;Graebner et al.,2023;Von Krogh,Rossi-Lamastra and Haefliger,2012),对组织新现象的解析亟须切中要害的新思维、新角度、新概念与新认知。例如,"商业模式"这个概念便是研究人员在面对已有理论无法解释企业发展新现象时所提出的新的理论构念(Amit and Zott,2001)。

数字化情境下组织发展新现象整体可被视为复杂环境特征中组织发展问题的范畴,而数字化情境的复杂性与组织发展现象的新颖独特性及其隐含的复杂性,显然需要研究者们避免任何对新现象不分青红皂白、先入为主的预设判定,需要以新的方式与方法对新现象进行审视与问题凝练(Graebner et al.,2023;Von Krogh,Rossi-Lamastra and Haefliger,2012;Doh,2015;Sætre and Van de Ven,2021),从而得出新的发现。可以说,因当下现象中可能蕴含着组织发展的许多新规律、新原理与新机制,传统情境下形成的主流的组织发展相关理论在对其进行解析时面临力有不逮的窘境,如何针对这些新现象提炼新模型,有效解决实践中面对的组织发展难题,是学术界应该着重发力的领域,这意味着数字化情境下组织研究成为新的重要学术方向,也是针对管理最新实践与现实问题的前沿思考之一(张玉利等,2021;张玉利、吴刚,2019)。

进一步来看,中国组织在数字化情境下的发展问题研究更具挑战性,这种挑战性不仅来自上述新情境特征与其中的新现象及其造成的已有主流

（西方）理论解释局限性问题，更来自中国组织面对的数字化情境现象或许不能简单地等量齐观于国外主流研究中的现象。中国数字化情境是一种交织混杂其他中国特定制度情境因素（井润田、贾良定、张玉利，2021）的数字化情境，使得数字化情境下中国组织发展现象更具复杂性与独特性，也更加使得目前关于组织发展现象与问题的大量相关理论（基本源起于西方组织现象与问题的总结）失去解释功效。如何结合中国组织发展现象与问题，有针对性地进行研究并形成解释力度强的理论，挑战性巨大。

传统理论在解释数字化情境下中国组织发展模式现象与问题方面遇到的挑战性，恰恰意味着对此进行研究并突破既有范式束缚的理论价值与理论意义。如果更进一步从理论创新这个角度来看，由于当下中国管理实践活动中存在着大量新颖、独特的组织发展现象，传统已有（西方）理论解释效度不够，就给基于这些现象提炼创新性乃至原创性的理论提供了不容错过的绝佳机会，相关研究成果的理论价值特别值得期待。数字化情境下中国组织发展研究也有着重要的现实意义。经过多年持续高速发展，我国的 GDP 总规模已跃升为全球第二位，数字经济也得到了极大的发展。一批数字化特征鲜明的高科技公司如雨后春笋般涌现并迅猛成长，例如华为、腾讯、阿里巴巴、京东、百度、字节跳动、大疆等，开始成为时代的先锋企业。在此背景下，人们的生活内容、组织方式、商务活动等均已呈现高度的数字化特征。数字化发展已上升为国家发展战略高度，数字化导向与融合已成为社会、经济系统的重要发展主题。各类组织作为数字经济的微观基础与载体，在与数字化情境互动融合中开展多样性活动，并通过这些活动进一步有效推动数字经济的深度发展，其中所呈现的诸多新的行为特征与模式，是开展创新性乃至原创性中国组织管理研究的极好对象。

综合来看，虽然我们已经在中国组织管理的独特性问题方面做了大量的研究探索，取得了不少研究发现与理论进展，但是，我们也有理由去设问：在目前中国的数字化情境下，这些理论与认知是否足以支撑我们对新现象进行解释？是否或多或少地带有先入为主的色彩？在面对新情境与新现象时，是否也容易陷入文献驱动式或理论驱动式研究？这些问题值得大家警醒，我们不仅应该跳出已有的不同观点、思路与主张的争论，也应跳出已有文献与理论的束缚。这些认知、理论、文献、观点、主张等虽然是基于中国特定情境而提炼出来的，但整体上却属于传统情境下对现象与问题的理解，在数字化情境下应慎重并避免直接运用。因此，一种相对合适的方式可能是直面实践，重点从关注当下现实新现象并回答实践新问题入手展开研究。许多管理现象都是复杂的，可能需要创新性地综合运用多种理论角度来进行解读，更重要的是，它们很难简单说完全是"西方式"的或"东方式"的，可能纯粹归类于前者，或者纯粹归类于后者，当然也可能是两者兼具（这种情况是不能完全排除的）。因此，一个或许在当下更为可取的研究思路与方式便是，不强调具体研究方法本身的优劣，不区别研究风格附带哪种特定方式与理论主张，不限定结合的研究成果是源自西方还是东方，不关切国际主流理论与中国特定问题研究成果之别，跳出这些"定论式"与"割裂式"的争论，从中国当下管理实践复杂的情境与新现象出发，一步步梳理与凝练。这样或许对于研究的深化更有助益，使得分析过程更为有效，所获研究成果更有可能创新，从而提出意想不到的理论发现，甚至做出具有一定原创特征的理论贡献。

事实上，上述研究思路便是近几年来国际学术界集中、正式、明确强调的"基于现象的研究"（phenomenon-based research）方式的核心思想与重点诉求（Graebner et al., 2023；Von Krogh, Rossi-Lamastra and Haefliger, 2012；Schwarz and Stensaker, 2016；Fisher, Mayer and Morris, 2021；Chen, Friedman and McAllister, 2017；Ployhart and Bartunek, 2019）。

五、中国组织研究新探：基于现象的研究

基于现象的研究正在成为当下国际管理学术界特别强调的研究思路与

方式。例如，纯理论性顶级期刊 Academy of Management Review 副主编、主编分别于 2019 年和 2021 年发表编者评论（Editors' comments）和刊首语（From the editors），号召发展"现象式的理论"（phenomenal theory）（Ployhart and Bartunek, 2019），解析如何做好"基于现象的理论化工作"（phenomenon-based theorizing）（Fisher, Mayer and Morris, 2021）；战略管理国际顶级期刊 Strategic Management Journal 于 2023 年第 1 期刊发了基于现象的研究特刊，该特刊共收录了 12 篇多种风格与方法的论文，四位客座编辑撰文解析何为基于现象的研究及其重要作用（Graebner et al., 2023）；国际商务领域一流期刊 Journal of World Business 的时任主编也曾针对国际商务领域研究时弊发表编者按，呼吁在该领域加强基于现象的研究（Doh, 2015）；2013 年组织行为领域一流期刊 Organizational Behavior and Human Decision Processes 曾发布围绕中国的基于现象的研究的特刊征稿启事（Leung, Friedman and Chen, 2013），并最终于 2017 年正式出版了该特刊（Chen, Friedman and McAllister, 2017）。近期关于中国企业的基于现象的研究较有代表性的一个例子，是发表于 Academy of Management Discoveries 上的论文——Li（2019）。该文针对的是这样一个令人困惑且现有理论难以较好、完全回答的现象：为什么那些源自西方（以美国为主）的互联网公司，都无一例外地在中国失败了，纷纷退出中国市场呢？其他行业中总能见到西方公司及其品牌，它们甚至是市场上的龙头或有力竞争者，可为什么在中国的互联网行业里它们却都失败了呢？——这确属一个困惑难解但却让人禁不住想要探究的现象。

基于现象的研究的核心思路是提炼环境中令人困惑、难解、奇特且现有知识与理论不易直接回答的管理现象，这种研究方式既不同于文献驱动式的研究，也不简单地以提出某个理论或改进某个理论为直接出发点，即它也不同于纯粹的理论驱动式的研究（当然，不排除其研究的最终结果是提出新理论或促进现有理论得以完善），它被视为一种更直面管理实践与现实问题的研究，对新颖而又复杂环境中的现象阐述与问题解决尤为有效（Ployhart and Bartunek，2019；Sætre & Van de Ven，2021；Graebner et al.，2023；Von Krogh，Rossi-Lamastra and Haefliger，2012），很值得关注并在研究中加以运用（Schwarz and Stensaker，2016；Ployhart and Bartunek，2019；Graebner et al.，2023）。这种研究的独特性在于它有助于提出意想不到的理论发现。事实上，基于现象的研究正式、明确地受到重视也就是近些年来的事情，这是因为目前管理研究中盛行纯粹的理论驱动或文献驱动式研究（Hambrick，2007；Corley and Gioia，2011；Doh，2015；Von Krogh，Rossi-Lamastra and Haefliger，2012），容易导致研究人员沉浸于虚拟的"现实"中，醉心于简单的从文献到文献的现实中或许并不存在的"头脑式"情境，从而使得研究只求推动"理论"或填补"理论空白点"而不须考虑太多现实需求，最终结果是管理研究中有了"太多的理论"（Hambrick，2007）却没有太多的实际价值，理论与实践出现了明显的脱节现象（Banks et al.，2016；Fisher，Mayer and Morris，2021；Ployhart and Bartunek，2019；Doh，2015；Chen，Friedman and McAllister，2017；Von Krogh，Rossi-Lamastra and Haefliger，2012；Schwarz and Stensaker，2016），研究工作沦为一场单纯追求期刊发表的"游戏"，这正是目前及时反映并解决现实重大问题的原创工作不易推进、理论不易生成的重要原因之一（Tihanyi，2020；Tsang，2022；Harley and Fleming，2021；姚小涛，2023），本书第 1 章中亦对此作过讨论。何佳讯、葛佳烨、张凡（2021）和赵新元等（2021）均对中国管理研究的国际贡献与影响力做了系统全面的探析，指出我国学者在国际期刊发表以及国际学术参与度与影响度等方面均已获得了极大的提升，这确实是值得赞许的，但与此同时，这两个研究还都发现真正属于我们的原创管理理论或由我们主导的原创发现还是非常少的，这种情况值得深入思考。客观上看，这种情况的存在，一方面在于许多研究执着于沿着老的文献空白与理论话题接续展开（文献驱动与理论驱动）、较重的直接借用（西方）主流理论来进行分析的研究风格，另一方面更重要的还在于对当下现象关注较少而无法形成研究议题上的重要突破，最终造成研究总是陷于只能做出微弱的边际性贡献的困境之中。

本书第 1 章曾经对 Agarwal and Hoetker（2007）的研究做过介绍，这两位作者对管理研究的学科渊源、特征与发展趋势进行了系统深入的研究，并以"浮士德交易"来隐喻管理研究可能面临的风险与问题。他们指出，管理研究借用了大量社会学、经济学、心理学的知识与理论，但却由此而生成了一个风险与问题：管理研究后续是否会跳出上述单一路径，形成属于自己的完整、成熟与独立的理论体系？就如同歌德笔下的"浮士德"同魔鬼打赌进行交易一样，以死后丧失自我灵魂的风险作为赌注来换取生前的"享乐"。我们依此可提出类似的设问：纯粹简单的理论驱动与文献驱动的研究，会不会以获得大量"理论"与"知识"为代价而丧失了管理研究本来价值取向与真正的应有"灵魂"？这是很值得我们思考与警惕的，这一反思恰好反衬出基于现象的研究的优势与价值。

基于现象的研究不仅强调始终将研究视野与重点聚焦于实践与环境中的重要、新颖现象与问题（但其最终目标绝不仅仅在于关注现象本身），而是通过揭开现象之谜解决现实问题并完善或创造理论，它和传统研究方式只不过在出发点与思维逻辑顺序及特征方面有所不同而已。基于现象的研究，可以是质性的，可以是量化的，也可以是质性与量化相结合的，但往往不需在研究之初就先入为主地形成定论或以某个理论为视角作为研究切入点，也不须先提出某些需要实证检验的具体理论假设，而是通过综合性方法与手段对现象进行梳理与剖析，一点点厘清其中的机制、机理，从而最终对已有理论进行完善或形成全新的理论（Graebner et al.，2023；Ployhart and Bartunek，2019；Chen，Friedman and McAllister，2017；Fisher，Mayer and Morris，2021；Van de Ven，2016；Von Krogh，Rossi-Lamastra and Haefliger，2012；Schwarz and Stensaker，2016，2014；Li，2019；Eisenhardt and Graebner，2007）。此种研究思路与方式可以被视作更接近于溯因逻辑法（Sætre and Van de Ven，2021；Fisher，Mayer and Morris，2021）。事实上，基于现象的研究与溯因逻辑本身就是许多重大科学发现与新理论提出的重要方式，这种研究方式往往认为理论或概念不仅仅是发现出来的，更是被发明出来的（参见百度百科"溯因方法"）。在管理学科中，奠定现代管理学知识基础之一的著名"霍桑实验"便是基于现象的研究的一个典范（Ployhart and Bartunek，2019；Chen，Friedman and McAllister，2017）：正是因为在初期实验中，对于无论如何调整工作条件都会让工人生产率提高这一"反常"现象百思不得其解，才邀请了梅奥入驻霍桑工厂，通过一系列持续数年的研究，不仅揭开了现象谜团，还总结得到了诸多奠基性的研究成果。

事实上，虽然没有明确说明与强调，许多原先被视作（深度）情境化的研究（例如，Li et al.，2011；Yao et al.，2009）、某些中国原创理论或构念研究（Cheng，Wang and Huang，2009）等，或多或少都带有基于现象的研究的痕迹（Schwarz and Stensaker，2016，2014；Graebner et al.，2023；Ployhart and Bartunek，2019；Chen，Friedman and McAllister，2017；Fisher，Mayer and Morris，2021；Van de Ven，2016；Von Krogh，Rossi-Lamastra and Haefliger，2012）。再例如，本书作者曾根据对袁家村长达10年的体验、跟踪、观察与思考，捕捉到其中某个独特的、令人不解的现象，在不断排除已有各种理论能够有效解释的基础上，最终提出一个全新的理论构念——悖论式组织（姚小涛，2023），这种研究便带有鲜明的基于现象的研究的色彩。

当下，国际管理研究日益强调基于现象的研究，这不仅是理论与实践脱节过于明显背景下对于研究的一种反思与重新定位，更是回应新情境下（尤其是数字化情境）不断浮现的组织管理实践新现象的待解要求（Fisher，Mayer and Morris，2021）。新的研究背景正好暗合了基于现象的研究的方法论优势，因此基于现象的研究的重要性在近几年被更明确地摆上了"台面"，它并非凭空出现，而是有着深刻理论与现实背景的。可以看出，基于现象的研究近年来日益被集中关注，是与传统研究方式存在的不足及其在当下环境中难以发挥作用有着重要关系的。

正如上文所说，中国组织发展问题与现象，不仅受组织所嵌入的中国制度独特因素作用（井润田、贾良定、张玉利，2021；黄群慧，2018；姚小涛，2023），而且蕴含着数字化情境下不同于传统环境的诸多特征，因而更具复杂性、独特性与新颖性。对于这种组织发展现象与问题，在研究时，应避免直接简单借用"先前"理论（哪怕是基于中国情境、具有中国原创特征的已有理论与知识）、以某种定式来切入分析。可以说，尽管已有海量的关于组织研究的国际主流理论以及一定的"中国管理相关研究"成果，但是，在中国独特的数字化情境中，可否不强求从某种单纯的理论研究模式先行"刻板"地切入，而是从特定环境中的具体实践活动出发，聚焦那些有趣、重要且令人困惑不解的奇特现象与问题来展开研究呢（Li，2019；Graebner et al.，2023）？这或许是一种很值得尝试的研究思路，即当某些实践现象与研究问题用已有理论难以较好、完整地回答时，就不应先去"照顾"理论，而应先直面现象与问题，从现实出发，一步步设问，层层探析，一点点厘清现象背后的影响因素及相关的深层机理与逻辑，然后再回过头来与已有文献成果及理论进行比对与"互动"，以形成对现象与问题的完整理解与认知，从而最终对已有理论进行完善或者形成新的理论。这种研究思路也在无形中契合了管理理论与知识形成的基本脉络：理论源于实践，新理论源于新实践而非起自凭空的构想与虚拟的场景。在此思路导向下将会使得管理研究更具"烟火气"和"生活化"，更好地促生原创性的灵感。

参考文献

曹祖毅,谭力文,贾慧英,等. 2017. 中国管理研究道路选择:康庄大道,羊肠小道,还是求真之道?——基于2009—2014年中文管理学期刊的实证研究与反思［J］. 管理世界, 3: 159-169.

曹祖毅,谭力文,贾慧英. 2018. 脱节还是弥合?中国组织管理研究的严谨性、相关性与合法性——基于中文管理学期刊1979—2018年的经验证据［J］. 管理世界, 34 (10): 208-229.

陈冬梅,王俐珍,陈安霓. 2020. 数字化与战略管理理论——回顾、挑战与展望［J］. 管理世界, 36 (5): 220-236.

费孝通. 2012. 乡土中国［M］. 北京:北京大学出版社.

高良谋,高静美. 2011. 管理学的价值性困境:回顾、争鸣与评论［J］. 管理世界, 8 (1): 145-167.

何佳讯,葛佳烨,张凡. 2021. 中国学者管理学研究的世界贡献:国际合作、前沿热点与贡献路径——基于世界千种管理学英文期刊论文(2013—2019年)的定量分析［J］. 管理世界, 37 (9): 36-67.

黄群慧. 2018. 改革开放四十年中国企业管理学的发展——情境、历程、经验与使命［J］. 管理世界, 34 (10): 86-94, 232.

井润田,贾良定,张玉利. 2021. 中国特色的企业管理理论及其关键科学问题［J］. 管理科学学报, 24 (8): 76-83.

史密斯,希特. 2016. 管理学中的伟大思想:经典理论的开发历程［M］.

徐飞、路琳、苏依依译，北京：北京大学出版社．

李平．2010．中国管理本土研究：理念定义及范式设计［J］．管理学报，7（5）：633-641，648．

梁觉，李福荔．2010．中国本土管理研究的进路［J］．管理学报，7（5）：642-648．

马佳秦，"李白出生于中亚碎叶"之说，不可信，短史记-腾讯新闻（公众号），2022年1月5日．

戚聿东，肖旭．2020．数字经济时代的企业管理变革［J］．管理世界，36（6）：135-152，250．

谭力文，宋晟欣．2015．管理学本土化问题研究的分析与再思考［J］．管理学报，12（7）：962-968，975．

魏江，刘洋，黄学，等．2017．非对称创新战略：中国企业的跨越（理论辑）［M］．北京：科学出版社．

魏江，刘嘉玲，刘洋．2021．新组织情境下创新战略理论新趋势和新问题［J］．管理世界，37（7）：182-197，13．

吴肃然，陈欣琦．2015．中层理论：回顾与反思［J］．社会学评论，3（4）：30-43．

吴晓波．1995．二次创新的进化过程［J］．科研管理，16（2）：27-35．

席酉民，熊畅，刘鹏．2020．和谐管理理论及其应用述评［J］．管理世界，36（2）：195-209．

徐淑英，任兵，吕力．2006．管理理论构建论文集［M］．北京：北京大学出版社．

姚小涛．2023．管理田野笔谈：开展中国管理理论研究的探索与思考［M］．北京：经济管理出版社．

姚小涛．2016．译者评介：否定无趣，走向有趣［M］//徐淑英，任兵，吕力. 管理理论构建论文集. 北京:北京大学出版社:205-207.

姚小涛,亓晖,刘琳琳,等. 2022. 企业数字化转型:再认识与再出发[J]. 西安交通大学学报(社会科学版),42(3):1-9.

易中天,七夕不是情人节,易中天(公众号),2021年8月13日.

张玉利. 2008. 管理学术界与企业界脱节的问题分析[J]. 管理学报,5(3):336-339,370.

张玉利,吴刚. 2019. 新中国70年工商管理学科科学化历程回顾与展望[J]. 管理世界,35(11):8-18.

张玉利,吴刚,杨俊,等. 2021. 工商管理学科发展的战略思考与举措[J]. 管理评论,2021,33(4):3-11.

赵新元,吴刚,伍之昂,等. 2021. 从跟跑到并跑——中国工商管理研究国际影响力的回顾与展望[J]. 管理评论,33(11):13-27.

Adler P S, Kwon S. 2002. Social capital: Prospects for a new concept [J]. Academy of Management Review, 27 (1): 17-40.

Adner R. 2017. Ecosystem as structure: An actionable construct for strategy [J]. Journal of Management, 43 (1): 39-58.

Adner R, Puranam P, Zhu F. 2019. What is different about digital strategy? From quantitative to qualitative change [J]. Strategy Science, 4 (4): 253-261.

Agarwal R, Hoetker G. 2007. A Faustian bargain? The growth of management and its relationship with related disciplines [J]. Academy of Management Journal, 50 (6): 1304-1322.

Albert S, Ashforth B E, Dutton J E. 2000. Organizational identity and identification: Charting new waters and building new bridges [J]. Academy of Management Review, 25 (1): 13-17.

Albert S, Whetten D A. 1985. Organizational identity [M]//Cummings L L,

Staw B M. Research in Organizational Behavior. Greenwich, Connecticut: JAI Press Inc: 263-295.

Amit R, Han X. 2017. Value creation through novel resource configurations in a digitally enabled world [J]. Strategic Entrepreneurship Journal, 11 (3): 228-242.

Amit R, Zott C. 2001. Value creation in e-business [J]. Strategic Management Journal, 22: 493-520.

Argote L, Greve H R. 2007. A behavioral theory of the firm—40 years and counting: Introduction and impact [J]. Organization Science, 18 (3): 337-349.

Ashforth B E, Mael F. 1989. Social identity theory and the organization [J]. Academy of Management Review, 14 (1): 20-39.

Augier M, Prietula M. 2007. Historical roots of the *A Behavioral Theory of the Firm* model at GSIA [J]. Organization Science, 18 (3): 507-522.

Augier M, Teece D J. 2009. Dynamic capabilities and the role of managers in business strategy and economic performance [J]. Organization Science, 20 (2): 410-421.

Bacharach S B. 1989. Organizational theories: Some criteria for evaluation [J]. Academy of Management Review, 14 (4): 496-515.

Banks G C, Pollack J M, Bochantin J E, et al. 2016. Management's science-practice gap: A grand challenge for all stakeholders [J]. Academy of Management Journal, 59 (6): 2205-2231.

Barkema H G, Chen X, George G, et al. 2015. West meets east: New concepts and theories [J]. Academy of Management Journal, 58 (2): 460-479.

Barney J. 1991. Firm resources and sustained competitive advantage [J]. Journal of Management, 17 (1): 99-120.

Barney J B, Zhang S. 2009. The future of Chinese management research: A theory of Chinese management versus a Chinese theory of management [J]. Management and Organization Review, 5 (1): 15-28.

Battilana J, Dorado S. 2010. Building sustainable hybrid organizations: The case of commercial microfinance organizations [J]. Academy of Management Journal, 53 (6): 1419-1440.

Battilana J, Leca B, Boxenbaum E. 2009. How actors change institutions: Towards a theory of institutional entrepreneurship [J]. Academy of Management Annals, 3 (1): 65-107.

Battilana J, Lee M. 2014. Advancing research on hybrid organizing: Insights from the study of social enterprises [J]. Academy of Management Annals, 8 (1): 397-441.

Battilana J, Sengul M, Pache A, et al. 2015. Harnessing productive tensions in hybrid organizations: The case of work integration social enterprises [J]. Academy of Management Journal, 58 (6): 1658-1685.

Baum J A C, Haveman H A. 2010. Editors' comments: The future of organizational theory [J]. Academy of Management Review, 45 (2): 268-272.

Benner M J, Tushman M L. 2003. Exploitation, exploration, and process management: The productivity dilemma revisited [J]. Academy of Management Review, 28 (2): 238-256.

Besharov M L, Smith W K. 2014. Multiple institutional logics in organizations: Explaining their varied nature and implications [J]. Academy of Management Review, 39 (3): 364-381.

Bian Y. 1997. Bringing strong ties back in: Indirect ties, network bridges, and job searches in China [J]. American Sociological Review, 62 (3): 366-385.

Bodrožić Z, Adler P S. 2022. Alternative futures for the digital transformation: A macro-level Schumpeterian perspective [J]. Organization Science, 33 (1): 105-125.

Boisot M, Child J. 1996. From fiefs to clans and network capitalism: Explaining China's emerging economic order [J]. Administrative Science Quarterly, 41 (4): 600-628.

Brown T J, Dacin P A, Pratt M G, et al. 2006. Identity, intended image, construed image, and reputation: An interdisciplinary framework and suggested terminology [J]. Journal of the Academy of Marketing Science, 34 (2): 99-106.

Bruton G D, Zahra S A, Van de Ven A H, et al. 2022. Indigenous theory uses, abuses, and future [J]. Journal of Management Studies, 59 (4): 1057-1073.

Burt R S. 1992. Structural holes: The social structure of competition [M]. Cambridge, Massachusetts: Harvard University Press.

Carroll G R, Delacroix J. 1982. Organizational mortality in the newspaper industries of Argentina and Ireland: An ecological approach [J]. Administrative Science Quarterly, 27 (2): 169-198.

Carroll G R, Hannan M T. 1989a. Density dependence in the evolution of populations of newspaper organizations [J]. American Sociological Review, 54 (4): 524-541.

Carroll G R, Hannan M T. 1989b. Density delay in the evolution of organizational populations: A model and five empirical tests [J]. Administrative Science Quarterly, 34 (3): 411-430.

Casciaro T, Piskorski M J. 2005. Power imbalance, mutual dependence and constraint absorption: A closer look at resource dependence theory [J]. Administrative Science Quarterly, 50 (2): 167-199.

Chen C C, Friedman R, McAllister D J. 2017. Seeing and studying China: Leveraging phenomenon-based research in China for theory advancement [J]. Organizational Behavior and Human Decision Processes, 143: 1-7.

Cheng B-S, Wang A-C, Huang M-P. 2009. The road more popular versus the road less travelled: An 'insider's' perspective of advancing Chinese management research [J]. Management and Organization Review, 5 (1): 91-105.

Child J. 2009. Context, comparison, and methodology in Chinese management research [J]. Management and Organization Review, 5 (1): 57-73.

Clark S M, Gioia D A, Ketchen D J, et al. 2010. Transitional identity as a facilitator of organizational identity change during a merger [J]. Administrative science quarterly, 55 (3): 397-438.

Coase R H. 1937. The nature of the firm [J]. Economica, 4 (16): 386-405.

Cohen W M, Levinthal D. 1990. Absorptive capacity: A new perspective on learning and innovation [J]. Administrative Science Quarterly, 35: 128-152.

Coleman J S. 1988. Social capital in the creation of human capital [J]. American Journal of Sociology, 94: S95-S120.

Corley K G, Gioia D A. 2004. Identity ambiguity and change in the wake of a corporate spin-off [J]. Administrative Science Quarterly, 49 (2): 173-208.

Corley K G, Gioia D A. 2011. Building theory about theory building: What constitutes a theoretical contribution? [J]. Academy of Management Review, 36 (1): 12-32.

Crossan M M, Lane H W, White R E. 1999. An organizational learning framework: From intuition to institution [J]. Academy of Management Review, 24 (3): 522-537.

Cyert R M, March J G. 1963. A behavioral theory of the firm [M]. 2nd ed. Malden, Massachusetts: Blackwell Publishers Inc.

Dacin M T, Dacin P A, Tracey P. 2011. Social entrepreneurship: A critique and future directions [J]. Organization Science, 22 (5): 1121-1367.

Dalpiaz E, Rindova V, Ravasi D. 2016. Combining logics to transform organizational agency: Blending industry and art at Alessi [J]. Administrative Science Quarterly, 61 (3): 347-392.

Davis G F, DeWitt T. 2021. Organization theory and the resource-based view of the firm: The great divide [J]. Journal of Management, 47 (7): 1684-1697.

Davis M S. 1971. That's interesting! Towards a phenomenology of sociology and sociology of phenomenology [J]. Philosophy of the Social Sciences, 1: 309-344.

Davis M S. 2016. 那是有趣的！迈向社会学的现象学与现象学的社会学 [M]//徐淑英, 任兵, 吕力. 管理理论构建论文集. 北京: 北京大学出版社: 167-204.

Deephouse D L. 1999. To be Different, or to be the same? It's a question (and theory) of strategic balance [J]. Strategic Management Journal, 20 (2): 147-166.

DiMaggio P J. 1988. Interest and agency in institutional theory [M]//Zucker L G. Institutional patterns and organizations: Culture and environment. Cambridge, MA: Ballinger Publishing Company: 3-21.

DiMaggio P J, Powell W W. 1983. The iron cage revisited: Institutional isomorphism and collective rationality in organizational fields [J]. American Sociological Review, 48 (2): 147-160.

Dimitriadis S, Lee M, Ramarajan L, et al. 2017. Blurring the boundaries:

The interplay of gender and local communities in the commercialization of social ventures [J]. Organization Science, 28 (5): 819-839.

Doh J P. 2015. From the editor: Why we need phenomenon-based research in international business [J]. Journal of World Business, 50 (4): 609-611.

Dosi G, Marengo L. 2007. On the evolutionary and behavioral theories of organizations: A tentative roadmap [J]. Organization Science, 18 (3): 491-502.

Dutton J E, Dukerich J M. 1991. Keeping an eye on the mirror: Image and identity in organizational adaptation [J]. Academy of Management Journal, 34 (3): 517-554.

Dutton J E, Dukerich J M, Harquail C V. 1994. Organizational images and member identification [J]. Administrative Science Quarterly, 39 (2): 239-263.

Eisenhardt K M, Graebner M E. 2007. Theory building from cases: Opportunities and challenges [J]. Academy of Management Journal, 50 (1): 25-32.

Elsbach K D. 2003. Organizational perception management [J]. Research in Organizational Behavior, 25: 297-332.

Elsbach K D, Kramer R M. 1996. Members' responses to organizational identity threats: Encountering and countering the *Business Week* rankings [J]. Administrative Science Quarterly, 41 (3): 442-476.

Fang T. 2012. Yin Yang: A new perspective on culture [J]. Management and Organization Review, 8 (1): 25-50.

Fiol C M, Lyles M A. 1985. Organizational Learning [J]. Academy of Management Review, 10 (4): 803-813.

Fisher G, Mayer K, Morris S. 2021. Phenomenon-based theorizing [J]. Academy of Management Review, 46 (4): 631-639.

Freeman J, Carroll G R, Hannan M T. 1983. The liability of newness: Age dependence in organizational death rates [J]. American Sociological Review, 48 (5): 692-710.

Freeman J, Hannan M T. 1983. Niche width and the dynamics of organizational populations [J]. American Journal of Sociology, 88 (6): 1116-1145.

Friedland R, Alford R R. 1991. Bringing society back in: Symbols, practices, and institutional contradictions [M]//Powell W W, DiMaggio P J. The New Institutionalism in Organizational Analysis. Chicago: The University of Chicago Press: 232-233.

Gavetti G, Greve H R, Levinthal D A, et al. 2012. Ocasio W, The behavioral theory of the firm: Assessment and prospects [J]. Academy of Management Annals, 2012, 6 (1): 1-40.

Gavetti G, Levinthal D, Ocasio W. 2007. Neo-Carnegie: The Carnegie School's past, present, and reconstructing for the future [J]. Organization Science, 18 (3): 523-536.

Ghoshal S, Moran P. 1996. Bad for practice: A critique of the transaction cost theory [J]. Academy of Management Review, 21 (1): 13-47.

Gioia D A, Hamilton A L, Patvardhan S D. 2014. Image is everything: Reflections on the dominance of image in modern organizational life [J]. Research in Organizational Behavior, 34: 129-154.

Gioia D A, Patvardhan S D, Hamilton A L, et al. 2013. Organizational identity formation and change [J]. Academy of Management Annals, 7 (1): 123-193.

Gioia D A, Price K N, Hamilton A L, et al. 2010. Forging an identity: An insider-outsider study of processes involved in the formation of organizational identity [J]. Administrative Science Quarterly, 55 (1): 1-46.

Gioia D A, Schultz M, Corley K G. 2000. Organizational identity, image and adaptive instability [J]. Academy of Management Review, 25 (1): 63 – 81.

Gioia D A, Thomas J B. 1996. Identity, image, and issue interpretation: Sensemaking during strategic change in academia [J]. Administrative Science Quarterly, 41 (3): 370 – 403.

Glaser B G, Strauss A L. 1967. The discovery of grounded theory: Strategies for qualitative research [M]. Chicago: Aldine Publishing Company.

Glynn M A. 2000. When cymbals become symbols: Conflict over organizational identity within a symphony orchestra [J]. Organization Science, 11 (3): 285 – 298.

Graebner M E, Knott A M, Lieberman M B, et al. 2023. Empirical inquiry without hypotheses: A question-driven, phenomenon-based approach to strategic management research [J]. Strategic Management Journal, 44 (1): 3 – 10.

Granovetter M S. 1973. The strength of weak ties [J]. American Journal of Sociology, 78 (6): 1360 – 1380.

Granovetter M S. 1985. Economic action and social structure: The problem of embeddedness [J]. American Journal of Sociology, 91 (3): 481 – 510.

Granovetter M S. 1992. Problems of explanation in economic sociology [M]// Nohria N, Eccles R G. Networks and Organizations: Structure, Form, and Action. Boston: Harvard Business School Press: 25 – 56.

Greenwood R, Díaz A M, Li S X, et al. 2010. The multiplicity of institutional logics and the heterogeneity of organizational responses [J]. Organization Science, 21 (2): 311 – 591.

Greenwood R, Raynard M, Kodeih F, et al. 2011. Institutional complexity and organizational responses [J]. Academy of Management Annals, 5 (1):

317 - 371.

Greenwood R, Suddaby R. 2006. Institutional entrepreneurship in mature fields: The big five accounting firms [J]. Academy of Management Journal, 49 (1): 27 - 48.

Greenwood R, Suddaby R, Hinings C R. 2002. Theorizing change: The role of professional associations in the transformation of institutionalized fields [J]. Academy of Management Journal, 45 (1): 58 - 80.

Grimes M G, McMullen J S, Vogus T J, et al. 2013. Studying the origins of social entrepreneurship: Compassion and the role of embedded agency [J]. Academy of Management Review, 38 (3): 460 - 463.

Gulati R. 1995. Does familiarity breed trust? The implications of repeated ties for contractual choice in alliances [J]. Academy of Management Journal, 38 (1): 85 - 112.

Gulati R. 1998. Alliances and networks [J]. Strategic Management Journal, 19 (4): 293 - 317.

Gulati R. 1999. Network location and learning: The influence of network resources and firm capabilities on alliance formation [J]. Strategic Management Journal, 20: 397 - 420.

Gulati R, Nohria N, Zaheer A. 2000. Strategic networks [J]. Strategic Management Journal, 21: 203 - 215.

Gupta A K, Smith K G, Shalley C E. 2006. The interplay between exploration and exploitation [J]. Academy of Management Journal, 49 (4): 693 - 706.

Guthrie D. 1998. The declining significance of guanxi in China's economic transition [J]. The China Quarterly, 154: 254 - 282.

Hambrick D C. 2007. The field of management's devotion to theory: Too much of a good thing? [J]. Academy of Management Journal, 50 (6): 1346 – 1352.

Hambrick D C, Mason P A. 1984. Upper echelons: The organization as a reflection of its top managers [J]. Academy of Management Review, 9 (2): 193 – 206.

Hanelt A, Bohnsack R, Marz D, et al. 2021. A systematic review of the literature on digital transformation: Insights and implications for strategy and organizational change [J]. Journal of Management Studies, 58 (5): 1159 – 1197.

Hannan M T, Freeman J. 1977. The population ecology of organizations [J]. American Journal of Sociology, 82 (5): 929 – 964.

Hannan M T, Freeman J. 1984. Structural inertia and organizational change [J]. American Sociological Review, 49 (2): 149 – 164.

Hannan M T, Freeman J. 1987. The ecology of organizational founding: American labor unions [J]. 1836—1985, American Journal of Sociology, 92 (4): 910 – 943.

Hannan M T, Freeman J. 1988. The ecology of organizational mortality: American labor unions, 1836—1985 [J]. American Journal of Sociology, 94 (1): 25 – 52.

Hannan M T, Freeman J. 1989. Organizational Ecology [M]. Cambridge, Massachusetts: Harvard University Press.

Harley B, Fleming P. 2021. Not even trying to change the world: Why do elite management journals ignore the major problems facing humanity? [J]. The Journal of Applied Behavioral Science, 57 (2): 133 – 152.

Hillman A J, Withers M C, Collins B J. 2009. Resource dependence theory: A review [J]. Journal of Management, 35 (6): 1404 – 1427.

Holm P. 1995. The dynamics of institutionalization: Transformation processes in Norwegian fisheries [J]. Administrative Science Quarterly, 40 (3): 398 - 422.

Huber G P. 1991. Organizational learning: The contributing processes and the literatures [J]. Organization Science, 2 (1): 88 - 115.

Inkpen A C, Tsang E W K. 2005. Social capital, networks, and knowledge transfer [J]. Academy of Management Review, 30 (1): 146 - 165.

Jacobides M G, Cennamo C, Gawer A. 2018. Towards a theory of ecosystems [J]. Strategic Management Journal, 39 (8): 2255 - 2276.

Jansen J J P, Van Den Bosch F A J, Volberda H W. 2005. Managing potential and realized absorptive capacity: How do organizational antecedents matter? [J]. Academy of Management Journal, 48 (6): 999 - 1015.

Jensen M C, Meckling W H. 1976. Theory of the firm: Managerial behavior, agency costs and ownership structure [J]. Journal of Financial Economics, 3 (4): 305 - 360.

Jia L, You S, Du Y. 2012. Chinese context and theoretical contributions to management and organization research: A three-decade review [J]. Management and Organization Review, 8 (1): 173 - 209.

Jing R, Van de Ven A H. 2014. A yin-yang model of organizational change: The case of Chengdu Bus Group [J]. Management and Organization Review, 10 (1): 29 - 54.

Kodeih F, Greenwood R. 2014. Responding to institutional complexity: The role of identity [J]. Organization Studies, 35 (1): 7 - 39.

Kogut B, Zander U. 1992. Knowledge of the firm, combinative capabilities, and the replication of technology [J]. Organization Science, 3 (3): 383 - 397.

Kraatz M S, Block E S. 2008. Organizational implications of institutional pluralism [M]//Greenwood R, Oliver C, Suddaby R, et al. The SAGE handbook of organizational institutionalism. Thousand Oaks, CA: SAGE Publications: 243 – 275.

Lane P J, Koka B R, Pathak S. 2006. The reification of absorptive capacity: A critical review and rejuvenation of the construct [J]. Academy of Management Review, 31 (4): 833 – 863.

Larson A. 1992. Network dyads in entrepreneurial settings: A study of governance of exchange relationships [J]. Administrative Science Quarterly, 37: 76 – 104.

Lawrence T, Suddaby R, Leca B. 2011. Institutional work: Refocusing institutional studies of organization [J]. Journal of Management Inquiry, 20 (1): 52 – 58.

Leung K. 2009. Never the twain shall meet? Integrating Chinese and Western management research [J]. Management and Organization Review, 5 (1): 121 – 129.

Leung K. 2012. Indigenous Chinese management research: Like it or not, we need it [J]. Management and Organization Review, 8 (1): 1 – 5.

Leung K, Friedman R, Chen C C. 2013. Special issue on leveraging phenomenon-based research in China for theory advancement [J]. Organizational Behavior and Human Decision Processes, 122 (2): 305 – 306.

Levinthal D A, March J G. 1993. The myopia of learning [J]. Strategic Management Journal, 14: 95 – 112.

Levitt B, March J G. 1988. Organizational Learning [J]. Annual Review of Sociology, 14: 319 – 338.

Lewis M W. 2000. Exploring paradox: Toward a more comprehensive guide [J]. Academy of Management Review, 25 (4): 760 – 776.

Lewis M W, Smith W K. 2022. Reflections on the 2021 AMR Decade Award:

Navigating paradox is paradoxical [J]. Academy of Management Review, 47 (4): 528 – 548.

Li F. 2019. Why have all western internet firms (WIFs) failed in China? A phenomenon-based Study [J]. Academy of Management Discoveries, 5 (1): 13 – 37.

Li P P. 2012. Toward an integrative framework of indigenous research: The geocentric implications of Yin-Yang Balance [J]. Asia Pacific Journal of Management, 29: 849 – 872.

Li P P, Leung K, Chen C C, et al. 2012. Indigenous research on Chinese management: What and how [J]. Management and Organization Review, 8 (1): 7 – 24.

Li S X, Yao X, Sue-Chan C, et al. 2011. Where do social ties come from: Institutional framework and governmental tie distribution among Chinese managers [J]. Management and Organization Review, 7 (1): 97 – 124.

Lieberman M B, Asaba S. 2006. Why do firms imitate each other? [J]. Academy of Management Review, 31 (2): 366 – 385.

Lin N. 1999. Social networks and status attainment [J]. Annual Review of Sociology, 25: 467 – 487.

Lin N. 2000. Inequality in social capital [J]. Contemporary Sociology, 29 (6): 785 – 795.

Lin N. 2001. Building a network theory of social capital [M]//Lin N, Cook K, Burt R S. Social capital: Theory and research. New Brunswick, New Jersey: Transaction Publishers: 3 – 29.

Lin N, Ensel W M, Vaughn J C. 1981. Social resources and strength of ties: Structural factors in occupational status attainment [J]. American Sociological Review, 46 (4): 393 – 405.

Lin N, Fu Y, Hsung R M. 2001. The position generator: Measurement techniques for investigation of social capital [M]//Lin N, Cook K, Burt R S. Social capital: Theory and research. New Brunswick, New Jersey: Transaction Publishers: 57-81.

Lin N, Vaughn J C, Ensel W M. 1981. Social resources and occupational status attainment [J]. Social Forces, 59 (4): 1163-1181.

Maguire S, Hardy C, Lawrence T B. 2004. Institutional entrepreneurship in emerging fields: HIV/AIDS treatment advocacy in Canada [J]. Academy of Management Journal, 47 (5): 657-679.

March J G. 1991. Exploration and exploitation in organizational learning [J]. Organization Science, 2 (1): 71-87.

March J G, Simon H A. 1958. Organizations [M]. Cambridge, Massachusetts: Blackwell Publishers.

Marquis C, Tilcsik A. 2013. Imprinting: Toward a multilevel theory [J]. Academy of Management Annals, 7 (1): 195-245.

Mayer K J, Argyres N S. 2004. Learning to contract: Evidence from the personal computer industry [J]. Organization Science, 15: 394-410.

McAllister D J. 1995. Affect- and cognition-based trust as foundations for interpersonal cooperation in organizations [J]. Academy of Management Journal, 38 (1): 24-59.

Menz M, Kunisch S, Birkinshaw J, et al. 2021. Corporate strategy and the theory of the firm in the digital age [J]. Journal of Management Studies, 58 (7): 1695-1720.

Meyer J W, Rowan B. 1977. Institutionalized organizations: Formal structure as myth and ceremony [J]. American Journal of Sociology, 83 (2): 340-363.

Miller T L, Grimes M G, McMullen J S, et al. 2012. Venturing for others with heart and head: How compassion encourages social entrepreneurship [J]. Academy of Management Review, 37 (4): 616-640.

Moore J F. 1993. Predators and prey: a new ecology of competition [J]. Harvard Business Review, 71 (3): 75-86.

Nahapiet J, Ghoshal S. 1998. Social capital, intellectual capital, and the organizational advantage [J]. Academy of Management Review, 23 (2): 242-266.

Nelson R R, Winter S G. 1982. An evolutionary theory of economic change [M]. Cambridge, MA: Belknap Press of Harvard University Press.

Nonaka I. 1994. A dynamic theory of organizational knowledge creation [J]. Organization Science, 5 (1): 14-37.

Oliver C. 1991. Strategic responses to institutional processes [J]. Academy of Management Review, 16 (1): 145-179.

Pache A-C, Santos F. 2010. When worlds collide: The internal dynamics of organizational responses to conflicting institutional demands [J]. Academy of Management Review, 35 (3): 455-476.

Pache A-C, Santos F. 2013. Inside the hybrid organization: Selective coupling as a response to competing institutional logics [J]. Academy of Management Journal, 56 (4): 972-1001.

Pacheco D F, York J G, Dean T J, et al. 2010. The coevolution of institutional entrepreneurship: A tale of two theories [J]. Journal of Management, 36 (4): 974-1010.

Pahnke E C, Katila R, Eisenhardt K M. 2015. Who takes you to the dance? How partners' institutional logics influence innovation in young firms [J]. Administrative Science Quarterly, 60 (4): 596-633.

Park S H, Luo Y. 2001. Guanxi and organizational dynamics: Organizational networking in Chinese firms [J]. Strategic Management Journal, 22 (5): 455 - 477.

Park Y, Mithas S. 2020. Organized complexity of digital business strategy: A configurational perspective [J]. MIS Quarterly, 44 (1): 85 - 127.

Patvardhan S D, Gioia D A, Hamilton A L. 2015. Weathering a meta-level identity crisis: Forging a coherent collective identity for an emerging field [J]. Academy of Management Journal, 58 (2): 405 - 435.

Peng M W. 2003. Institutional transitions and strategic choices [J]. Academy of Management Review, 28 (2): 275 - 296.

Peng M W, Luo Y. 2000. Managerial ties and firm performance in a transition economy: The nature of a micro-macro link [J]. Academy of Management Journal, 43 (3): 486 - 501.

Penrose E T. 1959. The theory of the growth of the firm [M]. New York: John Wiley & Sons.

Pfeffer J, Salancik G R. 1978. The external control of organizations: A resource dependence perspective [M]. New York: Harper & Row.

Pitelis C N. 2007. A behavioral resource-based view of the firm: The synergy of Cyert and March (1963) and Penrose (1959) [J]. Organization Science, 18 (3): 337 - 545.

Ployhart R E, Bartunek J M. 2019. Editors' comments: There is nothing so theoretical as good practice—A call for phenomenal theory [J]. Academy of Management Review, 44 (3): 493 - 497.

Polanyi M. 1966. The tacit dimension [M]. London: Routledge & Kegan Paul.

Poole M S, Van de Ven A H. 1989. Using paradox to build management and organization theories [J]. Academy of Management Review, 14 (4): 562 -

578.

Poppo L, Zenger T. 2002. Do formal contracts and relational governance function as substitutes or complements? [J]. Strategic Management Journal, 23: 707-725.

Porter M E. 1980. Competitive strategy: Techniques for analyzing industries and competitors [M]. New York, NY: Free Press.

Porter M E. 1985. Competitive advantage: Creating and sustaining superior performance [M]. New York, NY: Free Press.

Putnam L L, Fairhurst G T, Banghart S G. 2016. Contradictions, dialectics, and paradoxes in organizations: A constitutive approach [J]. Academy of Management Annals, 10 (1): 65-172.

Rahmati P, Tafti A, Westland J C, et al. 2021. When all products are digital: Complexity and intangible value in the ecosystem of digitizing firm [J]. MIS Quarterly, 45 (3): 1025-1058.

Rousseau D M, Sitkin S B, Burt R S, et al. 1998. Not so different after all: A cross-discipline view of trust [J]. Academy of Management Review, 23 (3): 393-404.

Santos F, Pache A-C, Birkholz C. 2015. Making hybrids work: Aligning business models and organizational design for social enterprises [J]. California Management Review, 57 (3): 36-58.

Sasaki I, Kotlar J, Ravasi D, et al. 2020. Dealing with revered past: Historical identity statements and strategic change in Japanese family firms [J]. Strategic Management Journal, 41 (3): 590-623.

Schad J, Lewis M W, Raisch S, et al. 2016. Paradox research in Management Science: Looking back to move forward [J]. Academy of Management Annals, 10 (1): 5-64.

Schwarz G, Stensaker I. 2014. Time to take off the theoretical straightjacket and (re-) introduce phenomenon-driven research [J]. The Journal of Applied Behavioral Science, 50 (4): 478–501.

Schwarz G M, Stensaker I. 2016. Showcasing phenomenon-driven research on organizational change [J]. Journal of Change Management, 16 (4): 245–264.

Scott W R. 1995. Institutions and organizations [M]. Thousand Oaks, CA: Sage Publications.

Seibert S E, Kraimer M L, Liden R C. 2001. A social capital theory of career success [J]. Academy of Management Journal, 44 (2): 219–237.

Seo M-C, Creed W E D. 2002. Institutional contradictions, praxis, and institutional change: A dialectical perspective [J]. Academy of Management Review, 27 (2): 222–247.

Sætre A S, Van de Ven A H. 2021. Generating theory by abduction [J]. Academy of Management Review, 46 (4): 684–701.

Shipilov A, Gawer A. 2020. Integrating research on interorganizational networks and ecosystems [J]. Academy of Management Annals, 14 (1): 92–121.

Simon H A. 1947. Administrative behavior [M]. New York: Macmillan Company.

Sinha P N, Jaskiewicz P, Gibb J, et al. 2020. Managing history: How New Zealand's Gallagher Group used rhetorical narratives to reprioritize and modify imprinted strategic guideposts [J]. Strategic Management Journal, 41 (3): 557–589.

Smith W K, Besharov M L. 2019. Bowing before dual gods: How structured flexibility sustains organizational hybridity [J]. Administrative Science Quarterly, 64 (1): 1–44.

Smith W K, Lewis M W. 2011. Toward a theory of paradox: A dynamic equilibrium model of organizing [J]. Academy of Management Review, 36 (2): 381–403.

SmithW K, Tracey P. 2016. Institutional complexity and paradox theory: Complementarities of competing demands [J]. Strategic Organization, 14 (4): 455–466.

Stinchcombe A L. 1965. Social structure and organizations [M]//March J G. Handbook of Organizations. New York, NY: Routledge: 142–193.

Stonig J, Schmid T, Müller-Stewens G. 2022. From product system to ecosystem: How firms adapt to provide an integrated value proposition [J]. Strategic Management Journal, 43 (9): 1–31.

Suchman M C. 1995. Managing legitimacy: Strategic and institutional approaches [J]. Academy of Management Review, 20 (3): 571–610.

Suddaby R, Bitektine A, Haack P. 2017. Legitimacy [J]. Academy of Management Annals, 11 (1): 451–478.

Suddaby R, Hardy C, Huy Q N. 2011. Where are the new theories of organization? [J]. Academy of Management Review, 36 (2): 236–246.

Sutton R I, Staw B M. 1995. What theory is not [J]. Administrative Science Quarterly, 1995, 40 (3): 371–384.

Sydow J, Schreyögg G, Koch J. 2009. Organizational path dependence: Opening the black box [J]. Academy of Management Review, 34 (4): 689–709.

Sydow J, Schreyögg G, Koch J. 2020. On the theory of organizational path dependence: Clarifications, replies to objections, and extensions [J]. Academy of Management Review, 45 (4): 717–734.

Teece D, Pisano G, Shuen A. 1997. Dynamic capabilities and strategic management [J]. Strategic Management Journal, 18 (7): 509–533.

Thornton P H, Ocasio W. 1999. Institutional logics and the historical contingency of power in organizations: Executive succession in the higher education publishing industry, 1958—1990 [J]. American Journal of Sociology, 105 (3): 801-843.

Thornton P H, Ocasio W. 2008. Institutional logics [M]//Greendwood R, Oliver C, Sahlin K, et al. The SAGE handbook of organizational institutionalism, London: Sage Publications: 99-129.

Thornton P H, Ocasio W, Lounsbury M. 2012. The institutional logics perspective: A new approach to culture, structure and process [M]. New York: Oxford University Press.

Tihanyi L. 2020. From "That's interesting" to "That's important" [J]. Academy of Management Journal, 63 (2): 329-331.

Todorova G, Durisin B. 2007. Absorptive capacity: Valuing a reconceptualization [J]. Academy of Management Review, 32 (3): 774-786.

Tripsas M. 2009. Technology, identity, and inertia through the lens of "The Digital Photography Company" [J]. Organization Science, 20 (2): 441-460.

Tsang E W K. 2009. Chinese management research at a crossroads: Some philosophical considerations [J]. Management and Organization Review, 5 (1): 131-143.

Tsang E W K. 2022. That's interesting! A flawed article has influenced generations of management researchers [J]. Journal of Management Inquiry, 31 (2): 150-164.

Tsui A S. 2004. Contributing to global management knowledge: A case for high quality indigenous research [J]. Asia Pacific Journal of Management, 21 (4): 491-513.

Tsui A S. 2006. Contextualization in Chinese management research [J].

Management and Organization Review, 2 (1): 1–13.

Tsui A S. 2007. From homogenization to pluralism: International management research in the academy and beyond [J]. Academy of Management Journal, 50 (6): 1353–1364.

Tsui A S. 2009. Editor's Introduction-Autonomy of Inquiry: Shaping the Future of Emerging Scientific Communities [J]. Management and Organization Review, 5 (1): 1–14.

Uzzi B. 1997. Social structure and competition in interfirm networks: The paradox of embeddedness [J]. Administrative Science Quarterly, 42 (1): 35–67.

Van de Ven A H. 2016. Grounding the research phenomenon [J]. Journal of Change Management, 16 (4): 65–270.

Volberda H W, Foss N J, Lyles M A. 2010. Absorbing the concept of absorptive capacity: How to realize its potential in the organization field [J]. Organization Science, 21 (4): 931–951.

Von Glinow M A, Teagarden M B. 2009. The future of Chinese management research: Rigour and relevance redux [J]. Management and Organization Review, 5 (1): 75–89.

Von Krogh G, Rossi-Lamastra C, Haefliger S. 2012. Phenomenon-based research in management and organisation science: When is it rigorous and does it matter? [J]. Long Range Planning, 45 (4): 277–298.

Walsh J P, Meyer A D, Schoonhoven C B. 2006. A future for organization theory: Living in and living with changing organizations [J]. Organization Science, 17 (5): 657–671.

Wasserman S, Faust K. 1994. Social network analysis: Methods and applications [M]. New York, NY: Cambridge University Press.

Whetten D A. 1989. What constitutes a theoretical contribution? [J]. Academy of Management Review, 14 (4): 490 - 495.

Whetten D A. 2006. Albert and Whetten revisited: Strengthening the concept of organizational identity [J]. Journal of Management Inquiry, 15 (3): 219 - 234.

Whetten D A. 2009. An examination of the interface between context and theory applied to the study of Chinese organizations [J]. Management and Organization Review, 5 (1): 29 - 55.

Whetten D A, Mackey A. 2002. A social actor conception of organizational identity and its implications for the study of organizational reputation [J]. Business & Society, 41 (4): 393 - 414.

Williamson O E. 1975. Markets and hierarchies: Analysis and antitrust implication [M]. New York, NY: The Free Press.

Williamson O E. 1985. The economic institutions of capitalism: Firms, markets, relational contracting [M]. New York, NY: Free Press.

Wry T, York J G. 2017. An identity-based approach to social enterprise [J]. Academy of Management Review, 42 (3): 437 - 460.

Xiao Z, Tsui A S. 2007. When brokers may not work: The cultural contingency of social capital in Chinese high-tech firms [J]. Administrative Science Quarterly, 52 (1): 1 - 31.

Xin K R, Pearce J L. 1996. Guanxi: Connections as substitutes for formal institutional support [J]. Academy of Management Journal, 39 (6): 1641 - 1658.

Yang M M. 1994. Gifts, favors, and banquets: The art of social relationships in China [M]. Ithaca: Cornell University.

Yao X, Li S X, Sue-Chan C, et al. 2009. Structural replacement or structural inducement: Government ties of Chinese business executives [J]. Canadian Journal of Administrative Sciences, 26 (1): 54 – 70.

Yoo Y, Boland R J, Lyytinen K, et al. 2012. Organizing for innovation in the digitized world [J]. Organization Science, 23 (5): 1398 – 1408.

Zaheer A, McEvily B, Perrone V. 1998. Does trust matter? Exploring the effects of interorganizational and interpersonal trust on performance [J]. Organization Science, 9 (2): 141 – 159.

Zahra S A, George G. 2002. Absorptive capacity: A review, reconceptualization, and extension [J]. Academy of Management Review, 27 (2): 185 – 203.

Zhang X, Fu P, Xi Y, et al. 2012. Understanding indigenous leadership research: Explication and Chinese examples [J]. The Leadership Quarterly, 23 (6): 1063 – 1079.

Zhang Y, Waldman D A, Han Y-L, et al. 2015. Paradoxical leader behaviors in people management: Antecedents and consequences [J]. Academy of Management Journal, 58 (2), 538 – 566.

Zhao E Y, Fisher G, Lounsbury M, et al. 2007. Optimal distinctiveness: Broadening the interface between institutional theory and strategic management [J]. Strategic Management Journal, 38 (1): 93 – 113.

Zuzul T, Tripsas M. 2020. Start-up inertia versus flexibility: The role of founder identity in a nascent industry [J]. Administrative Science Quarterly, 65 (2): 395 – 433.